盧飛白詩文集

王潤華編

文 學 叢 刊

文史哲出版社印行

國家圖書館出版品預行編目資料

盧飛白詩文集 / 王潤華編. -- 初版 -- 臺北
市：文史哲,民 98.12
    頁；　公分. --（文學叢刊；228）

ISBN 978-957-549-878-8 (平裝)

1

848.6　　　　　　　　　　98013230

文　學　叢　刊　　228

盧飛白詩文集

編　　者：王　　　潤　　　華
出 版 者：文　史　哲　出　版　社
http://www.lapen.com.tw
e-mail：lapen@ms74.hinet.net
登記證字號：行政院新聞局版臺業字五三三七號
發 行 人：彭　　　正　　　雄
發 行 所：文　史　哲　出　版　社
印 刷 者：文　史　哲　出　版　社
臺北市羅斯福路一段七十二巷四號
郵政劃撥帳號：一六一八○一七五
電話886-2-23511028・傳真886-2-23965656

實價新臺幣二八○元

中華民國九十八年（2009）十二月初版

ISBN 978-957-549-878-8　　　08228

盧飛白詩文集

目　　次

詩　歌

一個中國知識分子的風骨

── 《盧飛白詩文集》代序

周　策　縱

　　盧飛白先生具有中國知識分子的優良風骨。現在就把我和他相識的經過來做例子說明。我和飛白相識大概可追溯到五十年代的初期，我們在刊物上互相讀過各人的詩文。但那時我只知道他叫「李經」。一九六〇年冬天，我感到胡適於先一年在《自由中國》半月刊發表的那篇〈容忍與自由〉一文，只提倡容忍，未免過偏，承胡先生寄稿給我們所創辦的《海外論壇》月刊的時候，我便寫了一篇〈自由、容忍與抗議〉，和他那篇〈所謂曹雪芹小象的謎〉一文，同時在一九六一年元月的論壇二卷一期刊出。我的大意認為，容忍固然是自由的根本，但必需配上另一個輪子 ── 抗議，纔能促進自由和民主。並且指出，這個問題在一九一四年時章士釗、張東蓀等人早就爭論過，現在應有更深一層的認識。我除了從政治哲學、心理學、社會學等觀點，說明容忍與抗議的精神可以相輔相成之外，更強調在現實社會裡人壓迫人的事實是如此之多，實在號召我們有抗議的必要。我在文末說：「我們必須容忍抗議，必須抗議我們認為不該容忍的事，抗議的

人更要容忍別人的抗議。」這個平凡的意見當時也曾引起一些朋友們（如楊聯陞先生等）的重視，可是他們多是口頭或用私人書信來支持。但論壇的三月份（二卷三期）卻登出了一封署名「李經」的〈讀者投書〉，說對我那篇文章「很感興趣」，並且說抗議和容忍與孔子的「忠恕」兩個觀念相當。他認爲胡適一生似乎已做到了這兩方面，不過在〈容忍與自由〉一文裡只是談「恕」道，而我提出「抗議」爲自由的另一隻輪子，介紹胡文所沒有強調的一面，所以「這是很有意義的。」這是紐約方面「海外論壇」的朋友們就告訴我，「李經」的真名字是盧飛白。從他信裡所指出的幾點來看，我認定這人思想很深刻，眼光很敏銳，本來想和他通信繼續商討，只因一時不知道通訊處，也就耽擱了下來。但我對飛白的確留下了一個深刻的印象，覺得他關切中國問題，非同泛泛；而他從道德上和知識論上給忠恕兩個觀念以新的解釋，也決非尋常不思索的人所能做得到的。

　　過了三四個月後，論壇的朋友向飛白拉稿，他就交了一首長詩來，題作〈哀思〉。這詩不但意象辭藻俊麗，而且真是有血有肉的作品，我主張立即發表。同時以爲有幾行可以刪改，尤其是第五節以下合于邏輯的推論太多了，與全詩其他凝縮的作風不相稱，便在原稿上寫下我的意見，並建議那幾行可以刪去。後來飛白果然刪去了一些，就在一九六一年七、八月份的二卷七、八期合刊登了出來。但這次登出的稿子，他刪的還是不夠多，直到幾年以後，他再三考慮過，纔又刪去了一些，成爲定稿，並且把題目改做〈血污的黃昏〉。他的最初稿我這里已沒有，現在把論壇所登全詩中的第三、

四、五節抄在下面，因爲這幾節後來刪改得較多，若與最後定稿對比，很可看出他重視朋友的批評，和不斷精益求精的精神：

（三）

一切一切都不過是一場
無線電裡的爭辯。
吳市的簫管已經上過電視台，
和 God Bless You 一同排遣半個禮拜天。

興盡的專家，聽說，已經抽完
最後一斗煙；但，那隻
充滿灰塵的腦袋，居然又
火辣辣地重新發現自己的優點。

廟堂裡多是竊食的鼠群，
托缽僧仍固執着木魚。

（四）

寬容的大氅裏容不下
一柄陰私的短匕；而
潯陽樓頭湛然自滿的碧綠酒，
與夫易水畔蕭蕭的高氏之瑟，
俱早已交代給紅伶與名導演。
與時代同走索於彷徨的河叉，
憂喜的是看熱鬧的萬家燈火。

今夜，春的神經末梢延展到
這從未敏感過的江邊——
潮水沒有半聲唱息，
捲載起你的大氅而東下……

（五）

如果暴力既是真理，是非
當然是不必要的累贅，
汩沒是非也就是溺殺正義。
因為：在正與反，是與非反覆矛盾
和選擇之中正義露頂。
如果一切臣服於權力，
　　權利臣服於意志，
　　意志臣服於私慾，
私慾：這浪跡宇宙之野狼，
既得權力與意志的雙重提掖，
勢必撲擊全宇宙，
而終於力竭而倒斃，以
不周山的化石堆造自己神奇的墓碑。

　　這兒的三個英文字他後來改成了「呵欠」二字，第四節
的下半段全刪去了，第五節的三、四、五行也刪去了。這三
行本來很有道理，不過就詩的藝術說，全詩是更警鍊了。這
首詩的主題可說正是對專暴權力的強烈抗議，而又充滿着哀

思。「寬容的大氅裏容不下」正是抨擊不容忍者。這首詩很能引起我的同情，我在一九五七年初也曾寫過一首歌頌「反抗」的詩，曾在一九五九年一月十六日出版的《自由中國》第二十卷第二期上發表，題作〈給亡命者〉。那裏我有「大黑披風內陰深得非短劍所能測」的句子，也說過「你鮮紅的血只滴向荒涼的地方。」第二節是：

> 有風雲就有你的腳印，
>
> 却沒有羅盤能找到你的方向。
>
> 你賣劍在長安的十字街頭，
>
> 你題詩在潯陽江酒樓的壁上。

在那詩裏我宣揚「與權威不共戴天，讓太陽對你發抖。」我寫那首詩時，頗受了歐美民歌 ballad 體和中國民歌的影響。一九五五年我曾譯過富有「水滸」精神的，十六世紀的蘇格蘭民歌〈阿絳宜〉（Johnie Armstrong）和其他作品。所以我的詩也就用押韻的四行詩體。飛白的那首詩，已經和遣詞，一部分和我的類似，但他的詩是新古典主義和超現實主義以後的現代詩，意象豐富，使我更喜愛，固然我以前也曾用這種體裁寫過詩。

在這以後的兩三年裏，飛白大約正在忙着寫他的博士論文，我也離開哈佛的研究工作，搬到威斯康辛大學來教書，便一直沒有機會和他直接往來。直到一九六七年冬天，有幾個同事去芝加哥開會，回來說曾碰見盧飛白，他託他們順便向我致意，我纔知道他已在紐約的私立長島大學坡斯特學院（C.W. Post College）當助理教授，教英美文學。這時劉紹銘先生正在我們的東亞語言文學系和比較文學系教中國文

學，尤其是近代文學。次年春天他決計去香港中文大學教書一年，學校需要找人代課，我便推薦敦聘飛白。紹銘這個職位也是助理教授，起初本來全在東亞語文系，後來因為紹銘本專攻比較文學，便變成兩系共有，但三分之二的薪水還是由我們東亞語文系出。只因紹銘偏好比較文學，後來索性只用該系的辦公室，外表上便好像主要屬於比較文學系了。論學問和資歷，飛白都不應該還當助理教授，可是我們當時沒有更高的缺，而社會上風氣浮泛，沒有幾個人能欣賞真學識。飛白保持中國傳統學者謙退的美德。他的受委屈，實在是對社會的大諷刺。但威大無論在設備、聲望、待遇、和環境等方面，都比長島好多了，我們聘請他，總算是一個小小的安慰。在我推薦他以後而他還不知道的時候，他聽說我編的英文書刊《文林》快要出版了，就寫了一封信給我。從這封信很可看出他謙虛自守的個性。這是他給我的第一封信：

策縱兄：

在《自由中國》及《海外論壇》多次拜讀您的作品，可惜始終沒有機會見到您。從唐德剛兄處探聽到您的新址，可惜我在去年離開芝加哥，回到紐約，不能到 Wisconsin 來拜望您。

最近讀到 Association for Asian Studies 的 *Newsletter*，知道您在籌備 *Wen Lin* 雜誌。第一期且有 Hellmut Wilhelm 論鍾嶸《詩品》的文章。我是學西洋文藝思想史的，但對中國文學批評也有極濃厚的興趣。希望 *Wen Lin* 早些能出版，使我有拜讀的機會。我是芝加哥大學的英國文學博士，「李經」是我的筆名。下半年，我在這裡的 Long Island University 教

幾課英文。有暇希望能寫信來談談。祝

　　安好。

弟盧飛白敬上　四，廿五。

我的通訊地址是：Fei-Pai Lu

　　　　　　　　48-50 38th St.

　　　　　　　　Long Island City 1

　　　　　　　　New York

　　飛白這時本來大可不必作自我介紹了，他十多年來不但已發表了許多中文詩文，還投書討論過我的文章，而且他的英文名著《艾略特詩論辯證法的結構》（*T.S. Eliot; The Dialectical Structure of His Theory of Poetry*）兩年前就已爲芝加哥大學出版部所出版，當時我經過倫敦，在書店裡就見到過。他已經很有名，本應知道我當然早已知道他了。他在長島大學實是教英美文學，不僅是英文。東方人能在英美教這種課的並不多。他却輕輕說過，連他自己著的書都不肯提一提。在社會上我們見過多少招搖吹拍的人，飛速地變成了名教授名學者，而實際上並無真學問和高見。飛白和他們真有天壤之別。

　　飛白答應來威大教書後，七月十二日先來「陌地生」看看學校，當天就來找我，我陪他看了校區和辦公室，圖書館管理東亞資料部分的王正義博士和他在芝加哥大學同過學，所以當天我就約他們在我家吃晚飯。過兩天他就回去了。後來九月初學校開課時再來，我便常和他課餘出外同去喝咖啡，談談古今中外對文學和知識分子的問題。有一次，我的

班上有個美國學生寫了一篇討論司空圖文學思想的論文,並且把二十四《詩品》翻成了英文,我改正了一些,但覺有許多不易決定的地方,有一天偶然和飛白談起,他非常有興趣,我便同他在一家小吃館共同討論斟酌了半天,他的意見都很審慎精到。飛白是個吸香煙不停的人,我們談得聚精會神,眉飛色舞,得意忘神,他把手裡燃着的香煙放在我那本《詩品》上早就忘記了,給風一吹,燒了一個大洞,直到燃起火焰來我們纔發覺,我趕快把書翻到前面說:「好了,我們纔討論過這首『高古』:『畸人乘真,手把芙蓉。汎彼浩劫,窅然空縱。月出東斗,好風相從。』你手裡的『阿芙蓉』,給這『好風』一吹,造成這『浩劫』,書上留了個『空縱』,我們也夠『高古』了。」他聽了大笑。我至今每次拿出這本帶着燒痕的《詩品》來翻讀時,便回憶到這不可復得的友朋論學談詩的樂趣。

　　飛白在威大教書一年,一九六八年下半年教的是「二十世紀中國文學」(Readings in Twentieth Century Literature)和「雙邊文學關係 ── 東西方文學研究班」(Bilateral Literary Relations-Oriental Western Literature Seminar)。前者列為東亞語文系的 561 號課,後者在比較文學系列作 555 號課。也同時算兩系的課。五百號以上的課只有高年級的學生纔能選。這兩門課每週各上課三小時。他同時還教了一門「個別指導閱讀」(Independent Reading),大約也要花兩三小時。一九六九年春天卻只在比較文學系教了一門「二十世紀艾略特的詩學研究班」(Seminar in Twentieth Century Poetics of T.S. Eliot),也同時算作英文系的課。再加上一些「個別閱

讀」的指導，負擔較輕。

　　從我的來賓簿上看出，我請飛白到我家吃飯好幾次。他初來的那個學期，十月二十六日他單獨來。過年前本來打算請他，他却回長島家裡渡寒假去了。這時正義恰好也去東部，曾去他家看過他，他請正義在一家浙江餐舘吃過飯，又把自己收集的大批有關英國詩人和批評家柯立芝（S.T. Coleridge）的資料給他看。寒假快完時，他們都回到「陌地生」，一月十八日星期六那天下大雪，晚上我就請他們二人來家喝酒。從窗口望去，外面一片白茫茫，我們談得興高采烈，那夜飛白談了許多抗戰時他在昆明聯大的見聞經歷，他最喜歡談卞之琳、馮至、沈從文、李廣田這些詩人和小說家，他對他們相當熟識。我們也會談到徐志摩、朱湘、聞一多、金岳霖、潘光旦許多人。當時澳洲雪梨大學有個外國學生寫了一篇論沈從文的博士論文，我受聘做校外審閱人，沈從文的姨妹張允和女士又是我做詩論學的好朋友，所以我對我們湖南這位小說家的生活和作品也有興趣。飛白認識從文，知道他許多如何追求他太太，以至于家庭逸事，也知道他許多短篇小說寫作的背景和用意，談來津津有味。可是那晚我們談得最多的還是我們自己抗戰時期在大後方的個人經歷。我嘗覺得我們這一代的中國知識分子真是拔了根的（uprooted），「失去了的一代」（Lost generation）。但是我們和二十年代美國的所謂「失去的一代」如海明威之流又不同，我們實是被強迫「被遺失的一代」。比我們早一代的人留學回國，可說大有作為，至少已有過他們的黃金時代，我們却已失去了這種機會。而前代的人弄的一團糟，後果却要我們這一代去共同

遭受，甚至遭受得更長久。比我們晚一輩的青年留學生，固然也與我們一樣是遠適異國，寄人籬下，但他們往往在出國時早就有一去不復返的打算；我們則是出乎意外。而且我們在情緒上和文化思想上與中國傳統社會關係更深，拔根以後的生活和情感更不易調節適應。我們這一代的彷徨和悲哀，也許不是異代的人所能體會瞭解的！總之，我們那晚談過不少悲歡往事，也發了不少牢騷。過了半夜，纔在寒風雪片中送他們上正義的車回去。當夜睡不好，就做了一首舊詩，過兩天用毛筆宣紙寫好送到樓下飛白的辦公室，他不在，門是鎖着的，我只好把那幅詩條從門底縫塞進屋裡去。第二天飛白一跑進我辦公室來就大笑道：「好險！今早到辦公室，坐在桌邊發了一會呆，忽然看見字紙簍裡有一張白紙，恍惚上面有中國字，覺得奇怪，拿出一看才知道是你的詩，險些又要遭『浩劫』了！」原來清掃房間的工友不識中文，當作地上的廢紙，所以塞在字紙簍裡。飛白對這首詩很欣賞，現在也不妨抄在這裡：

雪夜招飲飛白、西艾于陌地生寓盧

從來西北有淒其，淪逐斯情世並遭。

雪地車聲鐙影凍，湖冰風跡鳥縱迷。

彷徨中酒當初事，慷慨過江以後詩。

一夜高談頭愈白，天傾時變復何疑！

到春假的時候，飛白的夫人傅在紹女士帶了他們的兩位女公子來看飛白。傅女士英文名字叫 Lydia（莉地亞），是學織品圖案設計美術的，長女宜哲（Selena），當時是十六歲，次女琴儀（Jeanie）十歲。碰巧我九歲的大女兒聆蘭

（Lena），英文名字和他大女兒的同了大部分，我七歲的小女兒琴霓（Genie）和他小女兒的中英文名字又都相似，飛白一聽了就注意到，我們都認為大巧事。三月三十日我開車陪他一家人遊校區，並在我家吃晚飯，在座的還有幾個中國同事，包括有趙岡、陳鍾毅夫婦，飛白以前在清華曾教過一年趙岡的英文。大家都談得很高興。

　　飛白在威大時詩性很好，一方面由於我們的學生中間有好幾個優秀的新詩人，王潤華、淡瑩（劉寶珍）夫婦早已分別出版過好幾冊清新而深美的詩集，鍾玲的中英文詩都寫得好，也能作舊體詩詞。潤華常請飛白寫新詩。另一方面，我和他見面時，也總要談新舊詩。有一次，我和他在教職員俱樂部同吃午飯，談到二十年來我想着要寫一篇新創體裁的中國史詩的計劃，主題是中國人在文化上的成就和歷史上的危機，但並非從頭說起，而是以近百年來的大變局大危機做杼軸，再把幾千年的歷史重點交織進去。適當運用神話、史實、和民間傳說，體裁是要求異樣的統一。飛白很有同感。過幾天我把自己所搜集的荷馬史詩的原文和翻譯本二十來種給他看。「浮士德」的譯本我也有不少。事實上西洋的重要史詩我差不多都收集有，還有些論史詩的書。我又把我好些年前譯的乏切爾·林塞（Vachel Lindsay, 1879-1931）的長詩〈中國夜鶯〉（中國繡簾曲）（The Chinese Nightingale）草稿給他看。這詩用舊金山唐人街一個華僑做主，描繪中國遭受外患內亂，是有關近代中國人命運的一首雛形的史詩，戰前徐遲曾有短文介紹，但從來沒有人全譯過。同時我又把我手抄的金克木的「少年行」也拿出來比較，這詩寫「五四」前後

青年在文化、文學、和政治上的活動，但技巧還不夠。飛白
和我討論了許久，我就鼓勵他用更凝縮的現代體來寫一首看
看。過了不久，他就寫了一首〈葉狄柏斯的山道〉。我們又
在教職員俱樂部吃飯時，他把草稿拿出來商討。這時還沒有
題目，只有第一曲的前數行，和第二、三兩曲斷斷續續的許
多行。那天我談到「五四」新文化運動前後新舊派衝突的許
多事，談到留美和留日學生回國後在上海的遭變，特別是胡
適、郁達夫、陳獨秀、魯迅等人被警察逮捕或騷擾所引起的
情緒上的反感等。他根據這些，又補充了幾行。再過好幾個
星期，他纔寫成第四、五曲。詩裡用了許多希臘神話，那時
我從希臘回來還只有一年多，時常談到訪問過的神話古跡，
又拿出好些照片和我的環球紀遊舊詩來閑談，飛白對西洋古
典本來就喜好又很熟悉，所以詩就帶有這種濃厚的色彩，又
因爲他那時正在教《老子》的英譯，所以第一曲裡就引用仿
造了好些「道德經」的句子。這詩的「序曲」是最後纔加上
去的。但全詩完成後，我們確曾就整個意境全盤好好推敲過。
我認爲這是近代中國新詩中非常重要的一首詩。

　　我本想設法把飛白永久留在威大，可是一九六九年春季
末臨別前，他告訴我長島大學已升他做副教授，而我們當時
沒有這種空缺。再方面，他太太在紐約有工作，搬家不易。
而且那時威大人事複雜，因此忽略了一個好機會。當時有外
人約我編譯一冊《中國文學批評名著選》，我計劃從先秦選
譯到清末，便約飛白和另外幾位中外朋友供給一部分譯稿。
飛白答應唐代的一部分，並先從韓愈開始。可是他回去後，
等了五六個月纔有信來：

策縱兄：

我的來雖非「空言」，但我的去却確是「絕縱」了。離開陌地生後沒有給您片言隻字，真是罪該萬死。

行前嫂夫人抱恙爲我備飯，您兩度深宵的長談，使我非常感動。有您在，我教課方面得到無數方便，而私人生活上，更減少了不少寂寞之感。

回紐約以後呢？仍然是「轍中老鮒」。暑期和德剛談了個下半天，在伍承祖家過了個週末，其餘的時間是「守株」家中。

韓退之的〈與李生書〉譯了一段，附上給您看看。譯文的風格（格式）不知合不合您的意思。如果您覺得還合式的話，我再「繼續努力，以求貫澈」。您最好給我個「限期」，讓我在「限期」前完工。

夏志清離婚以後又結婚了。這一次太太是中文系的。恐怕要到寒假中才能和他們見一面。

王潤華、劉寶珍寄來的論文，一時沒有時間看。想待看過以後再寫信給他們。敬祝

安好。並候

嫂夫人及二女公子好

　　　　　　　　弟　飛白敬上　十一月廿四日

這裡所謂「轍中老鮒」，用的是德剛和我的典，原來一九六八年德剛寄我一詩，很能道出我們對於現狀不滿的情緒。我素來認爲哥倫比亞大學要他主持中文圖書館是不善用才，德剛喜歡教歷史，我却主張他多寫小說。他不滿哥大現

狀，很想離開。當時我回他一首詩，他又答覆了一首。後來
他把我們這兩首詩登在承祖等在紐約所編的《滙流》
（Concurrence）第三期（一九六八年冬季）上。我的那首「酬
德剛兼問近來作虞初否」是：

> 一首詩來似虎符，舊交江海仍相濡。
>
> 風塵碌碌成何事？鬚鬢堂堂負故吾。
>
> 未必無人秦國客，豈能隨俗楚騷狐。
>
> 十年血淚銷蘭史，紐約紅樓夢有無？

他的答詩是這樣的：

> 喜獲周郎雙玉符，燈前玩研幾摩濡。
>
> 聯箋翰墨存知己，對鏡簪纓失舊吾。
>
> 雲外鴻飛千里潤（注一），溪邊鵠立十年孤。
>
> 轍中老鮒幸無恙（注二），海隅偷生有若無。

注一：讀環球詠懷之作。

注二：來詩有「相濡」之句。

在同期裡又登有飛白的〈鐘與市〉詩。他引用「轍中老
鮒」，自然對于我們的牢騷不免有同感。

飛白回去後許久纔來信，大約身體與精神不舒適是重要
原因，但最近正義把他當時收到的一封信給我看，纔知道紐
約的教書生活使他「忙」於奔波，也可能是一個因素。這信
轉錄如下：

正義兄：

從陌地生歸紐約後，「閒人」變爲「忙人」。——一週
三天，忙着趕火車上學校，忙着趕火車回家。把生命浪擲於

旅途上。

　　在陌城，承您多方面的照料，是我增添了一份生活的風趣。但打道歸府後，一個大字也沒有寫給你，頗有「負義」之感。我兄是位長者，希望您能包涵一下。

　　日本寄的郵卡已收到。想此行定多收獲。大著想不久可付印。我一直等 Bollingerean 的 Coleridge 出版。（裡面有不少從大英博物院發掘出的手稿。）等來等去，只出了三冊。現在我想根據我已見的資料動手寫，待來日 Bollinger 版廿六冊出齊後，再行修改。

　　上紐約來，千萬給我打個招呼。我的新電話是 RA9-4443。舊電話號碼印在電話簿上，各式各樣的捐客打電話來兜生意，不勝其煩。這一回電話號碼是 unlisted。

　　謝謝嫂夫人，每次上您家，要她忙碌半天。祝

　　健康，新年快樂。

　　　　　　　　　　　　弟　飛白敬拜　十二、五。

　　我在十一月底收到飛白的信和譯稿後，本來就立即開始寫回信，但中途被瑣事打斷。年關時他寄給正義的聖誕片上寫着「多病故人疏」的句子。那時「陌地生」下大雪，正義在賀片上寫道：「天公正揮毫，也作飛白體，瀟灑如大蘇，無奈似小米。」用他的名字開了個小玩笑，聽說他看了很開心。飛白小時本名「虛白」，當是用《莊子》〈人間世〉篇「虛室生白」的典，後來他父親覺得這孩子身體本來就虛弱，臉白白的，名字現得不吉利，才改作「飛白」。我的信直等到次年元月中纔寫完寄去，那時我們還以爲他患病不重，所

以信裡都討論翻譯問題：

飛白兄：

別後正在念中，近讀「鐘與市」詩，正傳示諸生，相與
賞析，即得手書及所譯樣式，至為欣喜！

您的英譯極為流利可誦，茲將讀後意見數點寫在下面，
以供參考：

⑴這篇本不太長，可否請把全文譯出？將來整編時，如
必須刪節，再行商酌。我的意思，即使書店的編輯計劃中如
不能容納全文或其他大量材料，我也可設法以後另出一較大
較完整的選集，故譯完亦終非浪費心力也。至於其他過長之
作，或須只選譯其中一部分。

⑵凡中文特殊詞句如「氣」、「道」、「志」等，若能
在譯文之後即附以 Romanization，或可幫助讀者了解其與其
他各篇間的傳統關係，亦便於我編輯時比較他篇，期求一律。

　　　　　×　　　　　　　　×　　　　　　　　×

⑶上面這信是幾個星期前寫的，因為等着影印幾頁有關
該文的參考資料給你，加以年關忙迫，便給打斷了。同時，
潤華夫婦和鍾玲都說你近來患病要在醫院動手術，我想還是
等待一些日子纔給你寫信吧，否則反會催促你用腦筋。不料
這一擱就擱得太久了。於是這第三點要說的是什麼幾乎記不
起來了。大約是這樣的：我見梅太太陳幼石女士在《清華學
報》上譯的韓愈此文，固然很好，可作參考，但我覺你譯的
極有風趣而簡潔雅麗，希望仍照你的方式譯下去。這裡選印
數頁資料（另用平郵寄上），只算供你參考。高步瀛的《唐
宋文舉要》中所注〈答李翊書〉，雖亦太簡，但高是桐城派

末期人物（他是吳汝綸的學生），評注尚守家法，或者可供比較。我所用的是一九六三年北京中華書局出版，附有一九六二年劉大杰和錢仲聯合寫「前言」的標點本。其他選本中的標注似乎更無助益。

⑷你如健康及時間許可，希望能多譯幾篇。唐、宋、元以後各人物中，你覺得可選些什麼代表人物？我附寄來名單數紙，歷代詩文評家約四五百人，給你選擇。

⑸我在你的譯稿上加了幾點意見，我自己也不知道妥當麼，請你再斟酌一番，不必照我的意見修改。

潤華給我讀到你寄他們的一首新詩，我很喜歡那第一節。你近來還常作麼？這兒附寄上小文兩篇，真有「王大娘的裹腳布」之感，為之奈何！

盼你來信。並祝

康復

　　　弟　策縱手上　元月十七日，一九七〇年

　　　嫂夫人及侄女輩均此

這信寄出不久就知道他患的是嚴重的癌症，因此我便不敢再問起他的翻譯工作了。以後他寄來短信，說動手術後身體安好，信中有「大病不死，必有後福」等很高興的話，我也就替他放心了。年底我應邀去紐約參加美國現代語文學會，宣讀一篇論現代新詩的論文，本想和飛白見面談談，但沒找到他的電話，也與德剛沒取好聯絡。結果怏怏而回。後來收到飛白來信，纔知道他也曾到處設法找我。我們竟錯過最後見面的機會。他的信說：

策縱吾兄：

前奉手教，敬悉吾兄方首途來紐，參加現代語文學會，當即電 MLA 辦事處，數次均無要領。其後電德剛兄探詢吾兄在紐地址，亦無結果。緣慳一面，惆悵不止。近日精神稍佳，將前譯之〈與李生書〉前後加上數段，以竟全功，了却一椿心事。吾兄所示各點，均頗妥切，舊譯最後一段已依尊意重加修改。譯文另加腳注，須商討處皆於腳註中註明之。陳幼石文頗多新意，然間亦有自相矛盾之處。他日得暇，當詳論之。

惠寄與吉川唱和詩及貞女島小集序，藉悉詩文盛況，感甚感甚。吾兄論「文」「道」之源及鮑拉德（不知何許人也）之論「氣」二題，均爲弟所關切者，恨不知何日方能拜讀全文耳。施友忠譯「風骨篇」將「風」「骨」譯爲 Wind and bone，亦饒奇趣。弟病中重加迻譯。另日當再奉上。大陸所出《文心研究專集》，語多泛泛。聞此外尚有《文心新書》前冠二萬字之長序，弟尚未及見。弟年來醉心《文心》。兄處如有資料，便中還乞賜示一二。賤軀粗安，秋後可望復原。唯心餘力拙，不無怏怏耳。敬候

春安。

　　　　　　　　　　弟　飛白敬上　一、廿七、七一
　　　　　　　　　　嫂夫人及二女公子均此問安

飛白修正後的譯稿 "An Epistle to Li Yi" 比以前更妥貼了，他又附了好幾條雜有中英文的腳注，處處可見他對中西文學批評理論的高度修養，和用詞細心之處。例如他把「書」

字譯作 Epistle，便因 Horance, Cicero, Pope 及其他西人也都有論文的書信，因循舊例沿用此字。又如韓文開頭說：「生之書辭甚高，而其問何下而恭也！能如是，誰不欲告生以其道？道德之歸也有日矣，況其外之文乎？」這裡緊接着「道」字而用的「道德」一詞，究應作何解釋實成問題，而「有日」一詞更易引起誤解。飛白把「此處」的道德譯做 Wisdom，並特別用大寫開頭，可說巧費經營。他不把「有日」當成「已」有日矣解，而作為「不久即可」歸解，但也不抹殺另一解釋的可能理由。這都表示他細心謹慎處。他這下一句的譯文是：

The return of Wisdom (tao-te) can be expected in the foreseeable future; not to mention literature, which is its expression.

這裡他有一條腳註說：

Another reading："For, it has been some time now since the principles of the tao and the te prevailed, not to mention literature, which is only the external expression of the tao and te." （Diana Mei）按此句關鍵在「有日」一辭。如作「指日可待」解，則為嘉勉之辭。如作「已有日矣」解，則似暗喻古文運動。取捨之間，頗費周章。

又：「道德」一辭，此處似可譯為 Wisdom. Wisdom 由 wise 與 dom 合成。Wise 原意為 way，今日英文之 sidewise，likewise 等仍保留原意。Dom 則為 jurisdiction，domain 之意。與昌黎所云：「由是而之焉之謂道，足乎己，無待於外之謂德。」不謀而合。

　　唯近人言 wisdom 者，常與「世故」（worldly wisdom）
相混，故將 Wisdom 大寫。

　　我請飛白先譯韓愈，是因為覺得韓文初看容易，其實很
不易解；再方面，飛白對古典主義和正統派文學思想瞭解深
切，所以要他先來勉為其難。其實《文心雕龍》自然是更重
大的作品，必然更適合他的興趣。果然，他信裡就表示「醉
心文心」。王利器的校訂本《文心雕龍新書》和《通檢》，
我早就藏有原版，後來臺灣翻印成合訂本，我又買了許多本
分發給學生，只可惜翻印本刪去了前面那篇很長的「序錄」。
本想等飛白健康恢復後把這書寄給他。四月裡我去信談到這
事，並問起他「風骨篇」的英譯。不了他來信說右足生了個
纖維瘤，又要開刀，本想去日本修養，也一時不能成行。他
的信說：

**　　策縱兄道鑒：**

　　四月六日賜寄大作二首，四月十二日航函前後收到。今
日又拜讀〈文道探源〉，不勝感佩。「文心」後半廿五篇，
前後貫穿，所用術語亦多互相發明之處。前譯〈風骨篇〉，
其中甚多不妥之處，容再修改，另郵奉呈。月初弟右足生一
fibrosis，行動不便，恐須割除。內人下月初赴港探親。待內
人返紐後，弟方能決定東行日期。匆此，餘容續陳。

　　敬祝教安

　　　　　　　　弟　飛白敬上　四、廿三、七一。

　　這信以後也許還收到過一些短信，一時查不到了，從信
裡知道他確已譯完〈風骨篇〉，一九七二年三月二十八日我

收到飛白去世的噩耗後，當天去信在紹女士吊唁，並問起這件譯稿，盧太太四月八日回信說，一時竟未查得。真是一件大損失。我現在就用「風骨」兩字來做此文的標題，來表示飛白做人的態度，一方面是想像他喜愛這個概念，又最適合於他的個性；再方面，也算是紀念他這一段失去的心力。

　　像他給我的第一封信裡所說的，飛白對中西文學思想都有興趣。但他來威大之前，主要興趣還是西洋文學批評。一九六八年秋天他對我說，他計劃要寫三部英文書。艾略特的詩論是第一部。其次便是柯立芝的詩論。第三部還沒有着手。有一天他在我書架上看到雷恰茲（I.A.Richards）送給我的好幾部他自著的書，上面有他的親手題字，飛白見了很感興趣，說他將來打算要把雷恰茲的全部著作看一遍，做一澈底研究。雷恰茲和艾略特是當代英美兩個影響極大的文學批評家，雷本人也是詩人。他的最大貢獻是援心理學入詩篇，他的理論對艾略特也頗有影響。一九六○年倫敦《泰晤士報》文學副刊評介我的《五四運動史》時，同時載有英國詩人奧登（W.H. Auden）評介他新出的詩集，所以我特別注意。他曾在中國，一九三一年還發表有《孟子論心》（*Mencius on the Mind*）一書。所以對中國文學思想也很有興趣。他在哈佛大學教書多年有時常到我們的辦公室來談天，同吃午飯。有一個時候他曾計劃和我一同研究分析中國古代的文學思想，和哲學觀念。可惜不久我便到威大來教書，他也應非洲的甘那（Gana）政府邀請，去訪問教學，我們的研究計劃就沒有結果了。飛白對他的理論素來就注意，讀過他的好些著作，若來研究批判，最為適當，我也曾鼓勵他。但後來我們討論中

國文學思想的次數越來越多，我又約他翻譯，所以他的興趣
也逐漸偏到中國方面來。我想以他來研究《文心雕龍》，由
於他對西洋文學批評的熟悉，一定會有許多新的發現。不料
天不永年，真不免有「長使英雄淚滿襟」之感。

　　飛白對中國新詩和文學評論，已有可觀的貢獻。他如再
多活十年二十年，成就更不可限量。而他尤其值得我們紀念
的是他的人格和風骨。近二十五年來，中國知識分子在海外
吃了千辛萬苦，到處走江湖，打天下，到處對學術、教育、
文學、文化有貢獻，有多少可歌可泣的事蹟。但也有不少投
機取巧的人，飛黃騰達，到處出風頭。飛白代表那最好的一
部分，也代表我們傳統知識分子最優秀的風格；不輕浮，不
降志，有所不爲，有所不說；只是切切實實想問題，做自己
的工作。對外人對國人都不卑不驕，和藹可親。凡是重大問
題，他多自有看法；但他的思想十分開明，絕不苟執，絕不
強人同己，尤其不做無邊際的夸夸之談。我們不必要同意他
所說的一切，他也不願人家毫無己見。平常他好像沈默寡言，
在大群裡現得有點羞澀，可是與相知者話到契合時就娓娓不
休，可與忘形同樂。像他這種不善也不愿逢迎自炫的人，宜
乎不易爲社會一般人所知賞。然而他這種人真可說有新國士
之風。我雖和他相處不久，但他的去世，對我精神上和工作
上的打擊却真是大極了！

　　現在飛白的作品經潤華搜集在一起出版，讀者從這里自
然可見到他的一部分思想、情緒、和風格。但這些並未盡飛
白之才，也還不是他學問和人格的全部。對這樣一位可親敬
的詩人、學者、和國士，對這樣一位死去的好友，我無法全

盤介紹，只好借集劉勰《文心雕龍》〈風骨篇〉和鍾嶸《詩品》評上品陸機的兩句話來禮讚：

　　風清骨峻，

　　才高詞贍。

　　　　　—— 一九七三年元月五日於陌地生之棄園。

　　載周策縱〈盧飛白詩文集代序〉《傳記文學》第二十二卷第四期（1973 年四月），頁 21-28。

論　文

上圖：盧飛白 1964 年於芝加哥大學取得英文文學博士時留影

論　　　文

讀經與讀經的態度

　　過去一年間對於讀經問題有過熱烈的討論；討論的焦點顯然集中在經本身的價值上。主張與反對者雙方或從經的哲學內涵尋求它的客觀價值（Absolute value），或從反映在歷代政治社會上的影響來估量它的歷史價值（Historical value），隱藏在這些辯論方法後面顯然有一個假定：如果經的價值能被明晰地指陳出來，那麼該不該讀經這一問題自然也可以迎刃而解。那就是說，要是我們能夠肯定經的客觀價值，那麼經是「衡諸四海而皆準」「亘萬古而不滅」的靈方，既適用於古代也適用於現代；要是我們能夠肯定經的歷史價值，而又能指出當前形勢和古代形勢的類似點，那麼經在今日的重要性也可以不言而喻。作者無意再從這一推理方式來探求讀經問題的答案，而僅希望在這裏提供一有助于問題明朗化的新觀點，新角度。

　　當前學者對於讀經問題興趣的濃厚，至少可以說明兩件事實；（甲）他們並不否認經是某一時空範疇內人類心靈傑

出的產物，（乙）他們並不否認經在歷史上所起的重大影響，無論這影響是好或是坏的。從常識上説來，似乎誰都不該讓人類思想的里程碑淹沒蕪穢；而事實上，對於構成某一文化傳統的重要因子的缺點的理解與優點的欣賞實在是修正人類文化，充實人類文化所不可缺少的一步。近年來美國芝加哥大學校長赫敬詩（Hutchins）所提倡的大書運動（Great book Movement）也就是一種企圖從傳統的理解，吸收，消融，與欣賞裏尋求擴大充實西方文明基礎的讀經運動。在這一意義下讀經似乎是不成爲問題的。讀經之所以成爲問題，實在是由於某种讀經方式與態度所引起的疑懼和憂慮。假使我們瞭解某種讀經方式所能招致的嚴重後果，我們將相信這種疑懼和憂慮並非是多餘的。

因爲經典是歷史上輝煌過一時的傑出的心靈產物，它往往成爲盲目崇拜的對象。對於偉大的事物，人自然有一種傾慕的心情；尤其是當偉大的事物是自己的祖先的創作時。「拜經」幾乎是和經的偉大性聯鎖在一起的。而對於經典的崇拜似乎也不限於中國或任何特定地理區域。但當經典獲得某種政治勢力的支援，而成爲官方酬報祿位的標準時，經受崇拜的機會當然更多了。時日既久，上焉者便以一種武斷的，甚至蠻橫的「衛道」態度來解釋，傳播經典，下焉者由於懶惰，或追求酬報不屑卑躬曲膝奉承顏色孜孜於八股式的闡述和讚嘆。讀經到這一階段，逐無異於神廟裏禮拜儀式的一部分，而經也淪爲八股教條了。教條主義和八股精神往往以兩種方式侵入文化領域而使之萎縮滅亡：（甲）一切知識既可以用武斷和蠻橫的方式肯定而不經理性的批評，知識顯然是世界

上最廉價的東西。隨着這種態度而起的是對知識極度的鄙
夷，和對知識分子的輕蔑和歧視；（乙）經典神聖化的含義
之一，往往是經典已經解決宇宙一切疑難。「半部論語」既
可治天下，知識的追求顯然是浪費精力。最勤勉的學者的工
作也不過是訂正訂正版本，歌頌歌頌某某偉大而已。歌頌的
結果往往是八股的泛濫與精神領域的日漸空虛。從另一方面
來看，經既成爲歌頌的對象，也就失去它對心靈的激發能力
而成爲毫無生氣的偶像。蠻橫的教條主義、阿諛的八股精神
積極或消極的阻止了心靈追求智識的活動，使整個文化陷入
文明的野蠻狀態（Civilized barbarism），使它停滯，枯萎，
絕滅，死亡。教條以野蠻的恫嚇制止心靈對偉大事物作客觀
的觀照與嚴肅的批評；八股則使心靈喪失對價值的鑑別力而
流于庸俗化。教條反批評，八股不批評。

　　反批評的教條主義與不批評的八股精神給予人類心靈的
桎梏是夠痛楚的。歷史上對於經典的背叛往往不是對於經典
本身的背叛，而是對於這種精神桎梏的反叛。近代史初期，
歐洲一連串「復興」，「改革」運動實在是人類心靈尋求解
放，是心靈活力復甦，批評精神抬頭的結果。文藝復興不是
在反抗亞里斯多德，而是反抗經院裏所薰製出來的亞氏；它
要摒棄的不是某种哲學而是黏附於中古學者身上的霉爛的經
院氣息。同樣地，宗教改革不是要揚棄《聖經》（Bible），
而是要擊破中古天主教會加於聖經上的武斷，一種虐殺溝通
人神之間的心智自由活動的武斷。顯然地，歐洲文藝復興以
後各方面飛躍的進步，並非由於文藝復興從希臘聖殿裏取回
什麼「古方」，而是由於心智恢復了追求知識，追求價值的

能力，知識內容因之大大豐富了，而豐富的知識內容又不斷刺激自由心靈的創造能力使知識更為豐富深厚。我們自己的歷史上也有過這樣的運動。五四實在是中國心靈擺脫教條八股的束縛的掙扎，是中國批評精神覺醒的徵候，是復活了價值意識的外現。很多人把五四當作一種不分好歹的破壞傳統運動，這種看法是值得商榷的。五四消極地要打倒「孔家店」（Institutionalized Confucianism），與「孔家店」所代表的反批評，不批評的精神，而積極地以批評精神檢討中國文化傳統。這裏作者要特別指出五四所代表的價值意識的復活與盲目的破壞傳統的區別。五四對於傳統的崇敬，我們可以從胡適之的白話文學史與中國哲學史等著作見到。假使五四是單純的破壞運動，五四的領導者也盡可不要任何「歷史」，任何追溯傳統的著述。胡適的歷史著作說明五四的本質是一種批評意識復活運動，是一種以批評為手段的確立本土文化運動。單純的破壞和單純的崇拜是不批評及反批評精神的兩面，貌似相異，實則來自同一根源。

　　某一部分人對于促成五四的動力缺乏理解，提到五四仿佛有些膽怯；認五四為斬斷傳統的不祥日子，而忽視五四擴大傳統內容的事實，遂輕輕地讓五四落入共產黨宣傳家的手冊裏，被它的敵人所曲解。上文已提及教條化八股化如何地使心智喪失價值意識而昏睡死亡，如何使知識內容空虛枯萎。共產黨實在是這一世紀中瘋狂的摧毀價值意識的組織。它將財富集中到黨的掌握中，使人們失去反抗的基礎；然後以暴力灌輸馬列教條，鼓勵馬列八股，而以馬列教條和八股來消滅理性的批評活動。在歷史上，服從教條往往僅是祿位

報酬的條件，但在共產政權之下，八股是換取生存的條件。讓共產黨來讚美五四真是中國近代史上絕大的諷刺，也是自由中國的恥辱。五四精神或批評精神的重振應該是自由中國文化界當前最緊急的課題之一。只有從批評精神的發揚與價值意識的增強入手，我們才能夠從根本上來摧毀共產黨的教條八股。

批評只不過是價值意識的外現，不論這價值的內涵是真，是善，或是美。到今天，仍有人懷疑批評在建立擴大充實文化基礎這一份繁重工作中所佔的重要地位不外由於兩個原因：

（甲）由於批評這一詞曾被不審慎的使用着：說起批評，大家就聯想起善意批評，惡意批評，建設性批評，破壞性批評這一類流行詞彙，仿佛愛好批評的人都天生有一副尖酸面孔。事實上，「愛批評」這一詞在日常用語中幾乎和「愛漫罵」差不多含有同樣的意義；說人家「愛批評」常常是一種較爲婉轉的指責。

（乙）由于對批評可能招致的思想界的混亂發生憂懼：這一部份人以爲批評就是冗長的爭論，就是否定一切的懷疑主義，非但不足以幫助一個文化內容的充實，徒然使思想界失却重點，增速信仰的崩潰，造成價值的紛亂局面。如果我們瞭解批評與價值意識之間的聯繫，瞭解它的指導原則和方法，這類憂慮當能煙消霧滅。

簡單地說，懷疑批評不外是由於批評與漫罵，批評與懷疑，信仰與迷信等概念的混淆。我們幾乎可以說：凡是批評都是善意的，都是建設的；批評非但不足以促使思想界的紛

亂，更能使思想的重點建立于更穩固的基礎上。

　　上面已提及批評是價值意識的活動；批評既是對價值的
追求，價值的肯定，邏輯上說，不可能是惡意的，破壞的。
有時候，肯定也可以用否定來肯定；但因這否認中包含肯定，
所以這否定不是以否定爲目的的否定。從動機上說，批評的
動力既是人對宇宙萬物的嚴肅的關切，批評不可能是惡意
的，破壞的。再從批評的方式來看，批評接受理性的指導，
通過觀察，分析，比較而獲得結論；它的活動當是超出意氣
的，它的結論當是謙虛的研求探索的結果，不受意氣左右的。
和批評相對的是漫罵，它既不接受價值意識的指導，也不順
從理性的控制，它的動力並非是對人類命運嚴肅的關切，而
是某種可恥的慾望的滿足，它的方法不足分析的（Analytical）
而是依賴某種情感的激動。本質上，漫罵是反批評的，是對
知識的否定，是蠻橫的教條主義的附屬品。「名教罪人」，
「反動階級」等等帽子式的詞彙，以拒絕討論問題的優越姿
態否定對方的存在，便是「漫罵」顯著的產物。這裏隨便提
及教條主義籠罩下的文化的另一特色 —— 口號名詞
（Rhetorical terms）的充斥與知識內容的空泛。教條的權威
既好以漫罵來解決問題，知識必然地成爲叫囂的代名詞，而
知識內容也勢將局限于一聯串意義極爲朦朧的口號名詞的反
覆排列組合。

　　其次讓我們嘗試區別批評與懷疑，信仰與迷信。批評活
動的第一階段是問題的提出。這問題可能是沒有人討論過
的，可能是對已有的答案發生懷疑。在這一階段，懷疑是批
評的姿態。但批評的姿態不等於批評，批評家不以消極的懷

疑爲滿足，他也不存有先見，覺得自己的結論必須和前人相反。非常可能的，他勤勉地追尋到的結論恰是他所懷疑的結論。不過他的追究已經大大地使這一問題的內容豐富，而使他自己更堅定地信仰。信仰是透視分析問題必然的結果；因爲它的基礎建立在理性的透視上，所以也特別堅強。「智者不惑」；「惑」的或沒有堅定信仰的一定是由于無知。教條主義者不敢正視問題，只有阻遏人對經典作明晰的透視，慫恿人崇拜經典，鼓勵人迷信經典。信仰要求理性的明晰，迷信喜歡躲藏在烏煙瘴氣的神龕裏。信仰要求接近問題，迷信滿足于遠距離的瞻拜。信仰建立在知識上，是批評的結果，只有在真正的健康的批評空氣裏信仰才能存在。迷信建立在無知和恐懼上，是反批評不批評的結果是教條文化的特徵。近代蘇聯宣傳機關大量製造關于列寧史大林的「神話式的軼事」，以增加他們的「天才性」或「神」性來增強迷信的基礎，便是個例子。

　　本問題分析至此，讀者也許不難區別二種可能的讀經態度 —— 批評的或不批評的 —— 明白他們在目前爭取自由的鬥爭裏所居的地位與可能發生的作用，而知在二者之間有所取捨。本文第二段曾提及芝加哥大學所創導的「大書運動」。其實，批評人類過去的成就一直是近代大學人文學者的主要工作，而批評精神更是近代大學的靈魂。真正的讀經運動也許應該從增強人文教育，發揚批評精神開始。

1953.1.29 於芝加哥

載《自由中國》第八卷第五期（1953.2），頁 146-147。

作者書簡

雷先生：

謝謝先生二月十一日的信，及信中關于讀經問題最近的發展的消息。一個文化底成長勢必脫離不開時空二範疇；主張全盤西化的，似乎忽略了空間範疇，而提倡讀經的，似乎忽略了時間範疇。今天自由民主與共產主義的鬥爭本質上是兩種文化的鬥爭。提倡讀經者固然意識到以文化對文化的重要性，可是將經從它的政治經濟社會背景中孤立出來，加以「提倡」，未免太忽視構成文化的諸因素之間的複雜關係。其次，以學校考試及高考強制讀經，無異以孔孟的經代馬列的「經」，這方式大大有商榷餘地。拙作消極地強調「以某種酬報爲手段，以強制性的接受經典教訓爲目的底讀經」之不足取，積極地指出只有融合人類過去最好的傳統的文化才足與共產主義抗衡，而那一種文化只有在批評精神高度發揚的自由社會裏才能建立起來。

有人或許會以「緩不濟急」相責。急的固然極度重要，「緩」的同樣重要。而「緩」的也是些較爲基本的問題。以抗戰爲例，我們只着眼於一些「抗」「反」「第一」緊急的問題，結果當「第一」緊急的問題因勝利而解決時，舉國上下的意志因爲沒有較爲深厚的「緩」的基礎也隨之整個崩潰。這一崩潰的嚴重後果現在是大家有目共睹的。人類歷史發展到這一階段，要想求一帖可于朝夕之間治好痼疾的「單方」，未免把事情看得太容易。附上的「文學批評中的美」一文似乎也是屬于「緩」的。以後寫好的也當遵囑源源奉上，請先

生指教。處身異域，對國內情形培增關切。以前在友人處零零碎碎見到幾期自由中國，對貴刊態度的嚴肅、目標的積極，極爲欽佩。先生說今後將按期賜寄一本，十分感謝。

專覆肅頌

撰安

李經上　二月廿二夜

載《自由中國》第八卷第六期（1953.3），頁 25-27。

文學批評中的「美」

　　朱光潛著文藝心理學在當代中國文學批評史上的地位是
不容忽視的。文藝心理學的重要性不在於他介紹了克羅齊
（Benedetto Croce）的美學理論，也不在於它的論點的富於創
造性。在《美學原論》（Estetica Come Scienza dell' Expressionee
Linguistica Generale, 1902）裏，克氏區別心靈（The Spirit）最
基本的三種活動能力（faculty），說明他們的活動方式、材料、
產物；以肯定直覺知識在心靈中的獨立地位為手段，而達到
他廓清若干因道德、藝術、歷史、邏輯等知識的混淆而引起
的論辯。他底方法是形上學的，析理的。與文藝心理學底實
證的、心理學的探索方式顯然有基本的差異。事實上文藝心
理學論及美感經驗中的肌肉反應時，幾乎已經變成文藝生理
學了。在認美為一種客觀的屬性，以生理活動解釋美感經驗，
與壯美優美的劃分等方面，文藝心理學也許更接近於艾德
蒙、柏克（Edmund Burke）著的《壯美與優美》（A
Philosophical Inguiry into the Origin of Our Ideas of the
Sublime and Beautiful, 1957）。然而，文藝心理學仍不失為
近代中國文學批評的重要著作；它代表了一個重要的批評傳
統，一種認「美」為文學作品唯一軌範（criterion）的批評傳
統。本文目的在作一辯證的分析，闡明這一類批評傳統對中

國文學發展已有的及可能的影響，無意節外生枝，對這一傳統作歷史性的記述，追溯他的流派的繁衍，和每一流派的特徵；描寫這一傳統如何在古典批評中和另一傳統對立，如何在十八世紀末葉漸漸抬頭，如何在十九世紀獨佔了批評界，如何通過了朱光潛的文藝心理學和中國傳統批評「陽剛陰柔」「雄健綺麗」之說滙聚成一股洪大的力量，支配了若干批評家的思考，影響了若干作家的創作方向。但是，我們必須認識文藝心理學的流行是由於中國傳統批評已經給它奠下堅實的基礎這一事實。

　　綜合地說，文藝心理學所代表的批評傳統以美為文學作品最終價值，以美為衡量作品唯一的標準。由於這一基本假定，文學的批評程序必然地包括了下列幾個步驟：（一）確定美的屬性，（二）在作品裏尋出這些屬性，（三）孤立作品中擁有這些屬性的片段作為示範。從它認美為唯一批評標準這一點說，我們可以稱這一批評傳統為單元批評（Monistic criticism）；從它底批評程序來說，我們可以稱它為定性批評（Qualitative criticism）；從它底應用方式來看，我們更可以稱它為警句批評（Quotation-hunting criticism）。如果我們要追究單元批評對近代中國文學已有的或可能的影響，我們不妨通過對這一傳統理論上及應用上的困難的分析而達到我們的結論。讓我們分幾個小題目來分析：

　　（甲）單元批評假定（Hypothesis）上的困難：單元批評以美為文學作品最終價值的假定先天地包含了不可解決的困難。如果我們分析美這一觀念的意義，兩種結果擺在面前：

　　①美是一個絕對觀念，雖然他反映在千變萬化的物相

中，但他的本身却是不可分裂的，絕對的。這一意義的美顯然不是單元批評家所能接受的。與作品實際接觸的經驗告訴他們，他們必須分裂美的觀念才能較爲充分地解釋個別作品。柏克與文藝心理學將美分爲壯美及優美；中國傳統批評家將美分爲雄健綺麗便是這一困難的證明。

②美是一個可分裂的觀念，它本身是若干次一等級的觀念的混合的總和。這一意義的美，同樣地有它的困難。（A）如果美的分裂性是無窮盡的，那麼美的觀念是一沒有意義的觀念，無所不包同時也無所包。美甚至可以說等於醜。一個沒有意義的觀念當然不能成爲有意義的標準。（B）如果美的分裂性是有窮盡的，那麼它應該停止在那一階段呢？譬如說中國若干傳統批評家將美先分爲陽剛與陰柔兩類，然而再將陰柔的美分爲綺麗、艷麗、高雅、清越等等。要充分解釋個別作品，這些觀念似乎必須再被分裂。例如說，可笑的這一觀念應屬于那一等級的美呢？劉姥姥這個鄉下老太婆闖進了大觀園，鬧了一些不甚「美」的故事。吃飯時丟鴿蛋，喝醉酒亂吐亂瀉。但我們似乎無法否認劉姥姥進大觀園是《紅樓夢》裏成功的事故（episode）之一。邏輯上說，這一觀念有限的分裂似乎無法解釋再現無限的人生經驗的作品。

（乙）單元批評在應用上的困難：讓我們退一步，承認美是一個充分的批評標準，在應用上，我們可以發現若干等級的困難：

①所謂美究竟是指作品中那一元素呢？

（A）它可能是指素材或題材的美，柏克例舉了若干人工與自然的美。文藝心理學顯然地也承認「長河落日圓」、

「大漠孤煙直」、「微雨燕雙飛」、「寶廉閒掛小銀鈎」等
句裏的長河、落日、大漠、孤煙、微雨、燕子、寶廉、小銀
鈎本身都是美的。這裏暫且不論素材與作品之間的關係；單
就素材的選擇而論，美的觀念區分了可以「入詩」與「不可
入詩」的素材，大大地限制了詩的豐富性和多樣性，使詩在
繁複豐富的人生經驗前撤退下來，蒼白無力。從中國詩詞的
發展來看，二三流詩詞作家題材的貧乏，情感領域的狹窄，
不能說不是由於他們堅持選用美的素材的結果。五四運動要
打倒所謂宮廷文學，山林文學可以説是對於限制文學作品題
材的抗議。類似的例子可以在十九世紀後期英國的唯美運動
（Aesthetic movement）裏找到。十九世紀末葉自然主義作家
專從人世醜惡黑暗的一面獵取題材，也無非是一種擴大作品
題材的嘗試而已。我們似乎無法否認自然主義的作家曾經留
給我們若干偉大的作品。在這裏讓我們引幾行艾略特
（T.S.Eliot）的詩，也許可以幫助我們瞭解醜惡的事物如何
可以化成有力的詩篇。當然要充分領略這幾行詩的力量，非
將它們安放回原來的詩篇裏不可。在普魯弗洛的戀歌裏他說：

　「黃昏橫躺在天邊

　　像手術臺上被麻醉了的病人」

　在序曲裏他說：

　「星球旋轉如衰老的婦人

　　在空場上收拾燃料」

　在不朽的絮語裏他說地下的屍體

　「向後靠，帶着無唇的露齒笑」

艾略特的詩裏充滿動物性的醜惡恐怖與神性的寧靜幸福

之間的衝突。而強化人性死亡後追隨慾望而來的醜惡可怖的空虛成爲他早期詩篇的力量主要來源之一。

（B）它可能是指文字的美。在批評的應用上單元批評認美可以是文字聲音，文字形態的組合，或文字所代表的觀念的屬性。這一應用的延展，同樣地限制了詩的豐富性。更嚴重的是：詩人或作家着眼於文字的音樂，形象及觀念的美以後，根本忽視了文字在創造作品的感動力（emotional power）或情感效果（emotional effect）時所負的責任，斤斤於美的辭藻蒐集，詩遂成爲「七寶樓臺，拆開不成片段」，失去它存在的憑藉。這裏我們不想追究喋喋不休堅持詩的音樂美，形象美或觀念美的流派的興衰分合。但文學史指示我們，歷次大的文學運動都是對這一趨向的抗議。五四便是個例子。從這一角度來看，五四是文字的解放運動，使詩擺脫了「美的文字」的桎梏。

一個文學作品存在的最後依據是它激動情感或喚起情感共鳴的力量（emotional power 下文簡稱「力」）；單就詩來說，詩是一幅高度複雜的情感的構圖，以相反相成，對比平行等等多種方式將部分的情感力綜合成全面的力量（final or over-all effect），成爲一個有力的組織（Structure），作爲這複雜的組織的一個原素，作爲一種表現的工具，文字的功能在於充分地雕塑這些情感，使它最完整，最明晰的出現。脫離了這情感，文字也就失去它的力量的憑藉，與指導的原則。在《荒原》（The Waste Land）裏艾略特這樣地描寫人類文明走入了一個枯乾的絕境時所感到的焦灼苦悶：

「假如有水　　　　　　　　　If there were water

而無岩石	And no rock
假如有岩石	If there were rock
又有水	And also water
水	And water
一泓山泉	A spring
一片池塘在岩石中間	A pool among the rock
假如只有水的聲音	If there were the sound
	Of water only
不是知了的	Not the cicada
和枯草的歌唱	and dry grass singing
而是水流過岩石的聲音	But sound of water over
	a rock
那裏隱士鶇在松間歌唱	Where the hermit-thrush
	Sing in the pine trees
滴嗒滴嗒嗒嗒嗒	Drip drop drip drop drop
	Drop drop
但還是沒有水」	But there is no water

　　在這裏，枯躁單調的字彙暗示了沙礫地帶的荒涼乾旱；水、岩石、岩石、水、等字眼艱難的反覆交替暗示希望在絕境裏輾轉掙扎的痛苦。而首四行試探性的旋律與充滿決斷旋律的交替，敍述了希望的隱現，經過第五行短促的疑慮，第六行以後自由流動，甚至歡躍的旋律提示在絕望裏自我欺騙所造成的美麗的幻境，這幻境在最後第二行達到它的飽和狀態，以狐步舞似的音調出現，而終於破滅在最後一行沉重的宣告裏。在這十四行詩裏，字彙的選擇，意象的安排與音節

的調配完全受一個原則的支配——那就是喚起對荒原裏的絕望的恐懼。要是艾略特在這裡草率地聽從了單元批評家的勸告，不分好歹地選用了美麗的詞藻，這一段詩的命運是不難想像的。認爲美是文字的客觀屬性，而不從文字與作品的「力」的關係上去探求指導選擇文字的原則，顯然是一種不幸的冒險。

　　②它可能是指綜合諸元的作品本身的美。以美爲最高標準的批評的目的既在探求作品所包含的美的屬性；在探求過程中自然會發生質量問題，而將美區分爲若干等級（hierarchy），譬如說，美的，更美的，最美的。很明白地，一個作品不能全部都是最美的，單元批評家勢必只好在部分裏尋求美。他們的注意力既集中於部份所擁有的客觀的美，自然承認了部分的獨立性，忽視了作品中部分與部分的關係，部分與整體的關係；忽視了作品的組織與組織的「力」。單元批評家所能指摘和讚揚的也就只限於片段中可見到的幾種特性。他們在有意無意之間已將作品有機的整體性（wholeness）降爲機械的總和性（totality）；認作品是若干數量的片段偶然的聚合。他們的批評論文常常僅陳列幾個屬性，（或爲「壯美」或爲「優美」）其餘的，便是證明這些屬性的「警句」了。使我們覺得所有文學作品都是一串串混着魚目的珠項鏈；或者，更妥當點，是夾雜有幾顆珍珠的魚目項鏈！

　　忽視文學作品複雜的組織性，整體性，忽視構成個別作品諸元素綜合後所產生的特殊的情感形態（emotional form）或「力」，更進一步地導引單元的，定性的批評家抹殺文學

作品的類型（species）。美既是客觀屬性當然可以在抒情詩裏找到，也可以在劇詩裏找到；可以在史詩裏找到，也可以在戲劇裏找到；可以在喜劇裏找到，也可以在悲劇裏找到。批評家既熱心致力於普遍性的美的獵取，遂忘掉而甚至故意忽視，各類型所擁有的特殊原素，以不同的方式綜合成的特有的「力」。單元或定性批評的術語因此往往是普遍的，浮泛的，非但可以應用於所有類型的文學作品，也可以應用於圖畫、音樂、雕刻；非但可應用於藝術的創作，也可以應用於自然界的諸相。但是，讓我追問一句，一個嚴肅的戲劇批評家會因在劇本裏找出幾行美的警句而滿足嗎？一個小說批評家能因在某篇小說裏發現文筆「清麗」這一特性而覺得自己是嚴肅的小說批評家嗎？

　　以美為最高軌範的單元的，定性的批評固然使批評家收集了不少美的樣品，但它却阻撓批評家更進一步地認識作品的整體性，組織性；辨別各種類型的作品，與各類作品特有諸元的特殊結合法則；追究它們特殊的「力」的形態，與它們給讀者的特殊的快樂。單元批評使批評停留在文學的邊緣上。同時，這一批評傳統更大大地約束了作家選擇題材的範圍，使他們局促於一個角落裏和繁複豐富的人生經驗漸漸脫節，限定了作家對文字的選擇；使文字脫離了支配作品諸元結合的「力」而無法達成它應盡的責任。我們不能不說，無論是新是舊的惡俗淺薄的風花雪月作品都是在這一批評傳統裏長大繁殖的。要建立一個豐富深厚的新的文學傳統，我們似乎需要一種新的批評，一種多元的（pluralistic），分析的（Analytic），辨別類型的（Specific）文學批評。而這新批

評的基礎必須建立在對：（一）知識的可分析性，（二）人
生經驗的豐富性，（三）作品類型的多樣性，（四）構成各
類型作品特殊情感形態的諸元的可分析性的認識上。

詩與詩人

　　詩是詩人的創作，而詩人作爲一個人，必然地要受生活環境中諸種因素的影響。這些影響的過程或許是極其微妙，但他們產生的成果卻往往是顯而易見的。詩人的生活環境：他的種族，他的時代與地域，和那特定的時與地中間的特殊風俗習慣、政治組織、經濟制度、思想方式、價值觀念，勢必限制了詩的題材的選擇與處理，詩的情感的深度和廣度，和詩中若干特殊的表現技巧。從這一方面看，詩人可以說是生活環境的產物，詩與生活有着不可分割的聯繫。正如採珠者必須潛入海水中探採珍珠，詩人必須向生活中尋求詩，在體驗，觀照，感應中尋求他所處身的時代的典型情感，將自己化成時代的聲音，使讀者們在這些典型情感的表現裏發現他們自己的悲苦與喜悅。因之，凡是企圖指點詩人，鼓勵詩人，幫助詩人尋覓素材的批評家都是值得我們讚揚的，他們的努力是建立新詩傳統不可或缺的基石。批評家的責任是雙重的，他幫助詩人創作，他也幫助讀者瞭解，欣賞優秀的詩人。說明詩人和詩人的生活對於詩的影響，當然也是幫助讀者瞭解詩的道路之一。

　　可是，批評家在嘗試說明詩與生活的關係時，因爲若干基本觀念的混淆，往往造成一種幻覺或錯覺，將詩與詩人、

詩與詩人的社會環境混爲一談。近代科學侵入思想界以後，若干批評家生吞活剝地將生物學、人類學、經濟學上的理論應用到文學現象上，不從詩的本身反而從詩人或詩人的社會環境裏尋求一切有關於詩的答案。這些假科學的理論家，用粗糙的科學理論掩飾了他們的論點的脆弱，形成了文學批評中的定命批評（Critical determinism），強以外來的因素決定「詩」的價值（Poetic excellence），誘導批評家忽略了詩本身，而機械地集中其注意力於詩以外的種種聯繫。

定命論的批評最可怕的混淆是，將詩的必需條件（Necessary conditions）認爲詩的充足條件（Sufficient conditions）——將「無之必無，有之不必有」的條件認作「無之必無，有之必有」的條件。讓我們以肯南斯·柏克（Kenneth Burke）的《文學形式論》（*Philosophy of Literary Forms: Studies of Symbolic Action*,1941）爲例。柏克企圖從詩人的心理特徵來分析詩的特徵與價值。他以爲詩是詩人的鬱結的象徵的組織（structure of the symbols of the poet's burdens）。創作也就是存在於潛意識的「鬱結」要求表面化、社會化。詩就是詩人的「鬱結」，柏克這樣說。即使我們退一步承認「鬱結」是詩的必需條件之一，詩人沒有「鬱結」便不能創作詩；但是常識告訴我們，有了「鬱結」的人並不一定是詩人，而詩人有了「鬱結」也不一定就能創作優秀的詩篇。「莊生曉夢迷蝴蝶，望帝春深託杜鵑」底作者，將生命的無常的痛楚化入詩篇，但有過同樣痛楚的人是否都留下這樣不朽的詩呢？柏克說詩就是「鬱結」，「就是」二字大大值得商榷。沒有情感的修養固然不能創作詩，但有了情感修養也不一定

就能創作。

　　同樣的混淆存在於嘗試從社會的特徵與價值裏尋求詩的特徵與價值的一派批評家中間。這一派批評家一再強調詩人的「社會意識」的重要性，仿佛有了某種「思想」「意識」一切創作問題便可以迎刃而解。要是我們從詩的感染力（Emotional power），詩的情感的組合和排列來分析詩，決定詩的價值，我們便要被譏嘲爲「形式主義者」了。但是，讓我們來看，「思想」或「意識」是否是詩的充足條件呢？例如：

> 國家不富強，
>
> 談什麼都是空話！
>
> 國家能富強，
>
> 幹什麼都有辦法！
>
> 萬事沒有救國急，
>
> 中華兒女起來吧！
>
> …………

（黃葉楓，〈萬事沒有救國急〉）

　　這裏作者企圖表現國家遭逢危難時候人民熱烈的愛國情緒；這種情緒，無疑地，可能成爲偉大詩篇的素材。叫是，在這首詩裏，我們所見到的却是一串空洞的，枯燥的概念。我並不是說抽象的概念不能成爲詩。陳子昂「登幽州台歌」：

> 前不見古人，
>
> 後不見來者，
>
> 念天地之悠悠，
>
> 獨愴然而涕下。

　　這首詩前三行就是以抽象的概念成功地描寫人的心靈面臨浩瀚的時空的一瞬間所感受的震撼。但丁（Dante）《神曲》裏的名句：

　　在他的意志裏有我們的安息 In la sua volo ntade e nostra pace。這句話抽象但有力的表現人如何地在皈依裏獲得安息。具體的形象不一定賦給詩篇的力量，不適當的運用形象（Imagery），可能毀壞了整個詩篇的效果。例如：

　　　在你的面前，我們呈獻
　　　只四字「還我河山」，
　　　勒它在
　　　一葉完整的秋海棠上。
　　　是一片美麗而不幸的海棠葉呀！
　　　她剛掙脫黃狼的毒牙，
　　　她又遭受赤熊的作踐？
　　　是祖先的基業，是子孫的搖籃，
　　　是中華的兒女呀！誰忍心
　　　丟棄她 ── 我們民族的生命線！
　　　…………

（杜若，〈呈獻〉）

　　這裏作者要想強烈地對照祖國河山的美麗與祖國所受的磨難，從而激動讀者對祖國的熱愛。這二段詩建立在一個具體的意象上：作者將祖國的版圖比成一片秋海棠葉。但是作者在選擇這一意象時似乎沒有考慮秋海棠葉的屬性。作者所祈求的效果是強烈的、興奮的、激動的熱情，柔弱的秋海棠葉意象是否擔當得起這一任務，實在是很成問題。作者大概

記得「勒石燕然」的豐功偉績，在第三行用了「勒」字，我們姑且不論「一葉秋海棠上」是否能「勒」石這一事實；從詩的效果說，「勒」字顯然造成了一種心理上的不平衡。六七兩行想用黃狼赤熊對秋海棠葉的摧殘喚起同情和憤懣，但是因爲前面幾行詩沒有充分地建立秋海棠葉的象徵價值（Symbolic value），反而使讀者有空虛的感覺。在「虛房冷而寂寞，落葉依於重扃」裏，落葉的命運，季節的盛衰，宮庭的寂寞，與詩的主角（protatognist）的遭逢已經融成一片低沉廻轉的音樂，廻繞於讀者的胸懷；但在〈呈獻〉裏，秋海棠葉的象徵價值並沒有確切地樹立起來。詩的第二節似乎想擺脫掉「秋葉海棠」這一意象，但由於主詞的隱晦，殘留的「葉」的意象和「基」業，「搖籃」，生命「線」這三意象錯雜輪替使這一節詩混亂蕪雜。而且，像生命「線」那樣脆弱的意象，非但不足以增加反足以削弱作者所期望的效果。

　　根據編者的按語，「呈獻」這首詩的作者是一位旅居在菲律賓的國人。國家遭逢如此危難，作者仍從海外寄詩，他對於祖國的懷戀熱愛當是絕無疑問的。可是，顯然地，他的愛國熱誠並沒有減少那一首詩的紛亂。這一例子可以充分地說明創作前的「思想」「意識」不足以決定詩的價值（Poetic excellence）。拙作「文學批評中的美」曾經指出：

　　　　「一個文學作品存在的最後依據是它激動情感或喚起情感共鳴的力量；單就詩來說，詩是一幅高度情感的構圖，以相反相成，對比平行等等多種方式將部分的感染力綜合成全面的力量，成爲一個有力的完整的組織」。

也許只有以詩的感染力與說服力作爲分析詩的起點，我們才可以更精密的來衡量「詩」的價值。沒有詩人自然沒有詩，而詩人更不是生活在真空裏的，詩人的生活態度生活環境無疑地是詩的必需條件；可是，在討論詩與生活時，任何超越這一基本認識的企圖勢必落入機械的定命論批評：忽略「詩」的存在，在「詩」本身以外尋求詩的疇範。

載《自由中國》第九卷第六期

（1953.9），頁 27-28。

從文藝的應用性談文藝政策

基本諸元的分析

　　文藝藉情感的共鳴而施展它的說服力。剝奪了作品激動情感的能力也就是剝奪了它的文藝價值。本文的目的既在嘗試根據文學上的幾種基本現象討論作品的應用性，因之，情感的本質，作品激動情感的程序兩問題勢必成爲本文初步分析的對象。

　　首先讓我們看情感。所謂情感也就是心智的痛苦，快樂，衝動。我們有某種情感，因爲我們的希望受到挫折或獲得滿足。受挫折，我們悲哀；獲得滿足，我們快樂。而我們的希望的內容則爲某種「行爲標準」（norm）或價值觀念所左右。譬如說，我們相信「善人應有善報、惡人應有惡報」，同時，我們又相信某甲是善人，那麼，我們勢必希望某甲有善報，萬一某甲遭逢惡報，我們的希望遭受打擊；而某甲的遭遇所引起的情感勢必屬於痛苦的一型。「行爲標準」或價值觀念支配希望的內容，而希望的滿足與否則支配情感的內容。

　　文藝作品綜合實際生活經驗中的種種，使他們成爲一個具有感召力的綜合體。經過了這個綜合過程，文藝不再等於生活，而具備了它自己存在的法則和規律。但是文藝作品引

起情感的程序和實際生活經驗引起情感的程序並沒有本質上的差異。爲了獲得某種特定的情感反應，爲了使讀者有所愛有所憎，作品必須建立起一個不容含混的「行爲標準」或「價值觀念」。作品所包含的「行爲標準」也就是流行報章雜誌上所謂作品所宣示的「真理」「思想」「哲學」。只有在這「標準」或「思想」已經被明確地建立起來，有機地綜合入作品所代表的具體經驗中，而又被讀者所接受時，作品才能從心所欲地操縱讀者的情緒。在作品裏，「思想」或「標準」是創造某種預期的情感的工具。反過來說，作品非但暗示某一「思想」，而且有力地通經情感經驗宣傳這一「思想」，進而影響讀者的情緒狀態、人生態度，左右社會的輿情。

文藝與政治

這些「思想」或「標準」也就是文藝與政治的銜接點。政治家對於這些關係「國計民生」，社會安定，文化進展的「標準」「思想」自然不能不視若無睹。他們往往不得不負起文藝批評的任務，從文藝的實際影響來抨擊他們否認的「思想」，鼓勵另一些符合于他們主觀態度的「思想」。在有高度組織的政治社會裏，更有「文藝政策」的出現。筆者無意非難「文藝政策」的存在這一事實。因爲：①任何有組織的社會裏，都有文藝政策的存在，只不過執行的機關有所不同而已。有些社會裏宗教機關執行這一政策，有些社會裏由學術團體負起這份責任，有些社會裏政府直接干涉文藝作品的產生。②文藝政策存在這一事實可喜地反映出社會對於文藝的重視。社會普遍地意識到文藝感召力的強大時，才會進一

步地希望以某一「政策」來影響創作的途徑。可是當政治家負起批評的責任時，幾種不十分健康的情勢往往隨之產生：

（一）、政治家的着眼點在文藝的應用性，因之往往過分重視「思想」，以「思想」的價值來衡量文藝的價值，忽視「思想」在文藝作品中僅爲創造情感的工具。認「思想」爲「作品」，即是否認理性論辯與情緒感染兩種說服方式基本上的差異，也就是否認文藝的存在。在這一趨勢之足以促使整個創作水準的低落幾乎是可「不言自喻」「不辯自明」的。

（二）、排他性底強調「思想」重要性，容易引起一種敵視態度。「爲生活而藝術」強調文學的應用性，「爲藝術而藝術」強調文學的創造性；前者着眼於若干應用上所引起的實際問題，後者着眼於創作過程中可能發生的諸種困難，二者互相補足地增加了關于文藝的知識，本質上不應有所矛盾。譬如說，「某人是中國人」，及「某人是教授」二命題，前者的敍詞說明某人國籍，後者的敍詞說明某人的職業；二敍詞雖有一相同的主詞，但其間非但沒有矛盾，而且更充分地闡述了主詞，增加了關于主詞的知識。若干作家固執地拒絕承認「思想」與感召力間的密切關係，捨棄了若干值得嘗試的題材與表現方式，常常不是對「生活」有所嫌厭，而是對排他性地強調某種主觀「生活」起反感。

（三）、偏執文學的應用性，企圖以文藝爲宣傳某一切身政治目標的工具，往往誘致作品「思想」或「價值標準」的膚淺化、簡陋化。上文提及「標準」是文藝作品存在的基本現象之一，凡是作品必然地要宣傳某種「標準」，問題不

在「標準」的有無，而在「標準」是從人生全面價值割裂開
的呢，還是在人性中具有深厚的基礎的。可謂「八股化」「公
式化」的作品，其失敗往往不一定在於題材或表現方式的「差
不多」，而引人厭倦；這些作品大半失敗于作品中的人物動
作，情緒狀態引不起讀者強有力的愛憎。作品所提示的「標
準」或「思想」的粗糙簡陋顯然是召致「愛憎不明」的基本
原因之一。簡陋化與簡單化不同。簡單化是淘汰繁冗，使幾
個重點更爲顯著明白，簡陋化則是「買櫝還珠」，去其精華，
留其糟粕。安諾德（Matthew Arnold）論托爾斯泰時，曾經
大大地惋惜托氏晚年因思想的簡陋化，機械化而失去創造力。

人的文學

　　以當前中國新文學爲例：中國歷史現階段的任務是如何
爭取「反共抗俄」勝利的果實。當前的文藝政策應以配合文
藝和「反共抗俄」這一歷史任務爲前提似乎是無可置疑的。
但是，我們必須注意到「反」「抗」都是消極的形容詞。我
們底讀者一定都在期待我們回答一個較爲基本的問題 —— 那
就是這些「反」「抗」和人生全面價值究竟有怎樣的聯繫。
如果我們承認①從多方面去激發人性中最基本的力量，從多
方面去激發人內心的創造力比單方面地挑逗消極性的衝動更
有助於「反共抗俄」這一緊急任務；②多數作家（以人性的
尊嚴爲他們創作的基準的作家），參加文藝的陣營比少數作
家更能增加文藝界蓬勃的生氣；③有「感召力」的作品比沒
有「感召力」的作品更能收到宣傳的效果；那麼，我們勢非
向人性最基本處尋求作品的「基準」不可。我們可以謳歌，

可以詛咒，但我們的謳歌詛咒必須有它人性上的深厚的基礎。我們的文藝作品應該不是案頭的瓶供，而是一棵在人性的肥沃，深厚的土壤裏結了根的橡樹。如果作品的「思想」「基準」能夠被延展到足以包容人生的全面價值，我們的文藝非但擁有一個有利於優秀作品產生的條件，非但可以擔負起當前的歷史任務，而且也將成爲我們新的文化傳統最有力的因子之一。過去四五十年間，從推翻滿清，打倒軍閥，抗日，戡亂到最近的反共抗俄，我們政治上的宣傳似乎始終側重於「推翻」「打倒」「抗」「戡」「反」等等消極的舉措，這些消極舉措背後所隱藏着的積極意義反相對地被隱晦起來。我們的文藝政策追隨這一政治趨向遂也充滿了消極的色彩。

　　文藝批評家的責任在指出某種有利於創作的情況，文藝政策則在幫助建立某一情況。兩者都不過是一種姿態、形勢；如果沒有傑出的作品來具體化這一態勢，縱使這一態勢，儀容萬千，亦不過是一種態勢而已。可喜的是過去四十年間，「人的文學」，以人性的尊嚴爲它的「基準」的文學，在中國已經產生了數量質量都頗爲可觀的作品。他們至少已經給人的文學這一傳統劃出一個清楚的輪廓。隨便舉幾個例子：沈從文以浪漫的細緻的表現手法，謳歌人類原始的力的奔放；將人性在被未在文明所銷蝕以前的粗樸，呈現在讀者的面前，震撼了古中國的心靈。馮至的十四行詩集採用西洋詩中最謹嚴的格律與德國表現派的素樸，用哲人的沉思渲染了生的莊嚴的痛苦。沙汀充滿鄉土氣味的淘金記則以寫實主義者犀利的目光捕捉人性的黑暗面，無情地揭穿了以「階級」

劃分人類的虛僞和愚蠢。他們的題材與技巧是如此的不同，
但是他們的成就則是同樣的卓越。他們的成就也更顯示了作
者以前提及的「生活的豐富性」「作品的多樣性」二個現象。
我們惋惜這三位作家陷身大陸，但是作爲一個文藝工作者，
我們對作品的興趣應更濃于對作者個人的興趣。共產黨徒在
大陸正血腥地摧殘人的尊嚴、人的文學。在這一片自由的土
地上，我們該有勇氣接受四十年來人的文學的成就，該有勇
氣嘗試建立一個真正有力的，豐富的人的文學的傳統。

載《自由中國》第十卷第三期
（1954.2），頁 111-112。

我們爲什麼要大學

　　中國大學有五十年的歷史了。在我們的社會裏大學已經成爲一種重要的制度；它已失去了新奇性，同時也失去了刺激性。偶然，大學也成爲新聞題材，但那往往是因爲某些事件發生在那個被稱爲大學的圈子裏，並不是人們對大學這一制度發生了新的興趣。前些日子林語堂被任命爲南洋大學校長。這一新任務顯然引起他探究大學教育的目的與制度的興趣。可是當他發表了一些關於大學的意見以後，一位「教育博士」立刻自告奮勇，勸他多讀「法令」，少談理想。「否則」我們的博士說，「準要鬧笑話」。在這時候追究我們爲什麼要大學，有人也許會和那位「博士」一樣覺得齒冷。可是，只要略略留心近年來朝野之間對半個世紀以來大學成就的估量，我們不難察覺到這個問題實在有重新提出的必要。譬如說，大學果然和社會脫節了嗎？爲什麼人學會和社會脫節？什麼是大學和社會的銜接點？要回答這些問題，我們勢必要先解答我們要的是那一類大學，我們爲什麼要大學。我們的大學已經有半個世紀的歷史。在這半個世紀中，它所遭遇的困難，它所懷抱的希望，與它在實際上的成功失敗，無一不足以供給我們寶貴的資料，在過去的經驗指引下，我們也許可以比以前更清楚地分辨大學教育最基本的功能。

中國大學誕生時也正是本土文化在西洋文化壓力下開始自覺的時候。大學本身就是這種自覺運動的一部分。這一歷史事實，顯然地決定了中國大學的特殊任務。我們的社會在飽受西方國家大砲兵艦的滋味之後，痛定思痛，不由自主地意識到自己機械技術的落後，而想在這方面有所補救。在大敵當前，社會存亡絕續的關頭，要大砲，要工廠，要訓練設計操縱機器的人材，這是極其自然的事。這種尋求彌補缺陷的勇氣和努力正足以證明我們社會生存意識的堅強和潛在生命力的充沛。所可惋惜的是，我們的努力始終膠着在某種方式上，沒有更進一步地追究機械技術在整個西洋文明中相對的重要性，沒有更進一步地追究機械技術與科學的關係，沒有更進一步地追究什麼是科學和科學精神！數十年來急切求效的心理或強或弱地支配了社會。這種心理反映在政府舉措上的是「船堅砲利」政策，反映在大學教育上遂成爲所謂「理工教育」。我們的大學造就了不少技術專家，甚至「科學家」，可是，大學裏却反缺少蓬勃的科學的批判精神。「理工教育」似乎沒有教育人對自然或人文現象作理性的觀照，相反地，由於機械技術急速進步，教者往往着重熟讀一二本最新的權威著作，學者也就跟着養成一種錯覺，以爲教科書的定律已經包容宇宙一切問題的答案，因之產生依賴權威的惰性和機械的服從的習慣。這種教育方式固然供給了不少資料（information），可是卻使我們失去追求知識（knowledge）的能力。幾年前一位工程博士突然宣揚起大陸上的「土改」。驚詫之餘，追究原因，博士充滿自信地承認是「根據一本英國書說的」。問他看過別的書嗎？回答說是：沒有。再追究

那本書的作者與內容，他瞇着眼睛彷彿在說「只要英國人寫的便夠高明了」。博士的論辯方式是典型的「一本書教育」的結果。

筆者並非在反對科學。正因為我們要科學，要真正的科學與科學精神，要謙虛地追求知識，要嚴肅地觀照人類知識的極限與功能，我們才沉痛地感覺到機械教育帶來的不健康的影響。科學不僅是克服「自然」利用「自然」的技術，而且也是一種追求知識追求價值的方法和態度。丟開思想的紀律，專門着眼於結論的灌輸傳播，無疑地會引起對科學的錯覺，認為科學只是一大串權威們頒訂下的符咒式的定律！

心靈機械化簡陋化，對事物失去冷靜辨認的能力，人的行為自然而然地為情感衝動所操縱支配。三十七年春天，國內若干大學發動「全」公費運動。所謂「全」公費運動當然是說「全」體學生不論貧富不論成績一律領公費。撇開成績問題不談，單就經濟能力而論：成千成萬的大學生中間難道沒有幾個負擔得起自己教育費用的？如果有少數人是不需要公費的，那麼「全」公費運動便是不合「理」的運動了。奇怪的是在大學裏面竟沒有人從這一角度去觀察一下；好多自命為「青年導師」的人紛紛在失去理性的群眾前撤退下來，或者是唯唯諾諾，或者竟說：青年的要求「總」是對的。筆者無意提倡「橫眉怒對千夫指」那種優越的態度；但在追求知識、追求價值的大學裏，理性淹沒，情感泛濫，一至於出，如果有幾個人能夠挺挺腰，站起來冷靜地說幾句話，也是夠令人興奮的！可是，沒有；即便有，那聲音也微弱得可憐。

理工教育片面地強調征服「自然」。對自然現象的興趣

片面的擴展勢必限制了對人文現象的興趣，或甚至引起漠視人文現象，鄙視人文價值。（自以爲在任何社會都同樣地「有用」，自以爲可以超越任何人文價值而存在，則大大可以不必關心社會的變化。）漠視人文現象，鄙視人文價值是「理工教育」所引起的最可怕的危機。它非但消滅了「善惡」「是非」之分，而且根本地摧毀了「明是非」「別善惡」的興趣。在這樣的空氣裏，要學者抱着上十字架的悲壯的精神去爭取人的尊嚴與自由，豈不是緣木求魚？目前在臺灣的人也許不難回憶，片面強調技術教育是老式帝國主義控制殖民地的工具之一。

　　許多人在說過去大學教育的失敗在大學與社會脫了節。上文分析的結果恰巧和這一結論相反。大學教育中有一些不甚健康的因素，實在因爲大學和社會拉得太緊，大學始終沒有超越本土文化自覺運動初期所賦與的特殊任務的限制。這些年來，我們的大學或多或少地將精力集中於「理工教育」而沒有使「理工教育」成熟爲「科學教育」，使「科學教育」成熟爲批判的、理性的、追求人生全面價值的大學精神！只有失去大學精神的大學才會和社會脫節。如果能夠保持追求知識的熱誠，大學決不會和社會脫節的 —— 因爲社會現象正是它的研究對象的一部份 —— 同時大學也不會因爲社會某種特殊需要而蒙蔽了它對全面人生價值的認識。大學和社會之間經常地保持適度的和諧（harmony）和矛盾（tension），大學才能夠發揮最大的功用，成爲社會新陳代謝作用中最有力的一環；才能夠同時應付社會迫切的需要，追求永恒的價值；才能夠維繫文化傳統，又不斷地創造吸收新因素，擴大充實

傳統。

　　目前也許仍有人懷疑這種看法，他們擔心，這樣一來，大學豈不是成為清談的中心？我們豈不是又要蹈「朝議未終而金兵渡河」的覆轍呢？為了避免這一類混淆，我們似乎必須澄清一下「清談」「朝議」等字的意義。上文曾經指出，大學嚴肅地關切全面人生的價值，它對知識的追求與運用是負責的；負責的探究和流行觀念中的「清談」有本質上的差異。其次，大學是教育學術機構，不是行政機構，大學對知識的追究不等於「朝議」。本文無意否認目前我們需要機械技術這一事實，本文的目的僅僅嘗試指出偏向技術教育可能發生及已經發生的種種不健康的影響，希望我們的大學不再「理工化」，而使理工「大學化」。政府需要技術上的合作，不妨「委託」大學設立專門委員會主持。上次大戰以來，這種「委託制」在美國大學施行得很順利，結果也良好，頗值得我們倣效。如果為了幾個專門委員會的工作而妨礙大學的成熟，阻止了大學的「大學化」，這是值得惋惜的。

載《自由中國》第十一卷第十二期
（1955.11），頁 382 與 384。

戴五星帽的文學批評
── 毛澤東文藝思想的初步分析

文學批評的三個基點

作品、作者、讀者是文學批評的三個基點（Co-ordinates）。在實際分析過程中，批評家往往從這三者中間選擇一項爲指導原則；探究它的特質，再以這些性質爲基礎，推演出文學的定義、作品的類別與評價的標準。亞里斯多德（Aristotle 384-322 B.C.）的《詩學》（Poetics）以作品爲原則，雪萊（Shelley 1792-1822）的《詩辯》（Defence of Poetry）以作者爲原則，賀拉西（Horace 65-8 B.C.）的《詩藝》（Ars Poetica）則以讀者爲原則。

《詩學》首先假定悲劇（作品）是一種模倣；其次確定其模倣的對象，工具，方式與形態；然後分析其題材，語言，技術與情感效果。循照這一步驟作剝筍式的推進。亞里斯多德犀利地解剖了希臘悲劇的特質，指出了悲劇與史詩的區別，說明了希臘悲劇構成的規律，建立了希臘悲劇評價的標準。雪萊的詩辯假定詩是想像力的表現，而想像力則爲一種心智的能力 ── 一種洞察宇宙間最高秩序的能力。廣義地說，凡是具有秩序性、條理性、系統性的知識制度都是詩。

真理是詩，德行是詩，典章制度也是詩。同時，因爲語言是最富於條理和秩序的，所以語言爲表現工具的詩，也是最完美的詩。從分析心智的能力入手，雪萊建立了他的批評系統。賀拉西的詩藝的分析基點既不在作者，也不在作品，它是從讀者入手的。讀者在某種情況下的需要決定作品的內容和技術，以及作者的素養和特殊訓練。詩藝指出當時羅馬讀者的趣味，同時指引作者如何去滿足這些需要。

詩學的着眼點是詩的藝術，詩辯的着眼點是詩的創造力，詩藝的着眼點是詩的應用性。詩的結構、題材的選擇、人物的處理、語言旋律的安排、情緒運轉的軌跡，是詩學討論的中心；讀者的心理特徵，詩的說服力，詩對社會道德的影響等。題目是詩藝探究的對象；而想像、心靈、天才一類詞彙則爲浪漫批評的代表作詩辯典型的術語。

「新現實主義」的反現實性

從它的指導原則來看，共產黨文學批評的經典「論文藝問題」顯然是屬於賀拉西這一批評系統的 —— 它從讀者的性質推演出批評的標準和作者應有的修養。表面上，所謂普羅階級是毛澤東文藝理論裏原則性的讀者。「論文藝問題」不斷地說文藝是爲工農兵讀者而寫的；爲了要使作品深入工農兵中間而爲他們所愛好，作品的題材必須來自普羅階級，作品的語言必須是普羅的口語。要寫這一類作品，作者又勢非學習某種語言習慣和生活方式不可。

上文特別指明「表面上」所謂普羅階級是毛澤東文藝理論裏原則性的讀者。如果我們能夠作進一步的觀察，我們不

難發現，所謂「爲工農兵而寫作」這個原則只不過是個可恥的幌子。「論文藝問題」一再強調實際的普羅階段充滿了落伍散漫的因素，文藝作品不應當現實地描寫普羅生活，它必須將普羅生活「理想化」「超現實化」。所謂「理想化」「超現實化」也就是說：作品不應該寫活生生的人，它必須寫烏托邦共產社會特徵的化身（Incarnation of communistic virtues），而這些特徵最後的裁定者當然也就是毛澤東。「論文藝問題」的批評程序是：毛澤東決定共產社會人物的特徵，共產社會人物的特徵決定作品的內容技術，作品的內容技術再決定作者的訓練和素養。很明白地，在這個批評系統裏，毛澤東是原則性的讀者；所謂爲工農兵而創作也就是爲毛澤東而創作，所謂滿足讀者的要求，也就是滿足毛澤東的要求。這麼一來，難怪所有戴五星帽的作家都必須「學習」毛澤東「思想」了。「論文藝問題」口口聲聲提倡「新現實主義」；拆開西洋鏡，所謂「新現實主義」原來是極端的文學統一論，是反現實的教條主義（Didacticism）。這個教條主義一方面使文學脫離生活，另一方面則使內容脫離形式：

（一）「論文藝問題」認文學的功能不過是將幾個主觀信條「具體化」「意象化」而已。它非但限制作品的題材，而且明白宣佈文學脫離生活去點綴信條。作品不再是作者對生活的感應，作品不再是情感經驗的要求形式化。

（二）創作的目的既在灌輸「信條」「思想」，「論文藝問題」自然只好機械化了內容和形式的關係；所謂形式，在毛澤東的心目中，只不過是販賣「思想」的噱頭（Rhetorical tricks）。他勸告作者「採取」優秀的古典作品的形式：彷彿

形式是一隻信封，可以套在這疊信箋上，也可以套在另一疊信箋上。他完全忽視了形式是內容的外延（Extension）這一事實。

教條、寓言、感傷

　　教條統制作品以後，作品人物只有絕對的黑，絕對的白。這一類人物只能夠出現在寓言裏。在寓言裏，人物只不過是有姓有名的抽象概念。他們的動作是機械的，他們的思想是固定的，他們的情感是硬化了的。在寓言裏，情節只不過是一連串辯證（Arguments）的反覆陳述。它的結構是由一組或數組信條間的關係而決定的，它的發展是按照辯證的程序而進行的。

　　教條統制作品，作品捨棄繁複的生活經驗而定型化；為了挽救作品內容的貧乏，作者往往不惜以大量情感傾注入作品。思想和情感失去平衡，內容和形式脫了節，「剩餘情感」泛濫作品，作品勢必感傷化。習慣於剩餘情感的傾瀉，對事物養成定型的情緒反應（Stock-response），文學和生命的距離愈來愈遠；文學愈脫離生活愈感傷化，愈感傷化和生活的距離也愈遠。戴五星帽的批評家常常嘲笑「對月長吁，臨風短嘆」的「風花雪月」文學。其實，作為文學素材，風花雪月並沒有特別受歧視的理由。「風花雪月」文學之所以值得抨擊是由於：（一）情感反應的定型化，（二）剩餘情感的泛濫。從情感定型和情感過剩說來，這幾年「新現實主義」的作品是大大可以和「風花雪月」文學媲美的。八月初倫敦泰晤士報文學副刊說：近年「中國」小說的結局總是一句

—「群眾都滿意地笑了」。

歷史的逆流

　　新文學運動的方向是很顯明的：（一）五四的前夜，傳統文學經過文人學士長期嬝弄以後，逐漸地脫離了全面的生活，圈子愈來愈窄。而另一方面本土文化和西洋文化接觸激盪，社會情勢隨之改變，生活中新的因素增加了，這些新的因素要求表現。新文學運動也就是回到生活的文藝運動。將文學從某些特定的題材形式裏解放出來，將作家的注意力移轉到整個人生，這是五四的第一個目標。（二）五四的前夜，傳統文學已經深受感傷的毒害，創造力和表現力都已癱瘓。浮沉在文字之間的是一些情感的渣滓。胡適之大聲反對「無病呻吟」也就是在反對文學感傷化。反感傷，恢復文藝的表現力，重建內容形式的統一性是五四的第二目標。

　　三十年來，解放了的新文學在恢復感性深入人生的成就是值得讚美的。新文學的筆觸深入了當前社會中最迫切的問題，新文學作家的足跡幾乎踏遍了這一片廣大土地上的每個地理區域。而「論文藝問題」的文學理論則無疑地是新文學運動的逆流。它嘗試切斷生活和文學的連繫；限制了再限制創作的範圍，簡陋化了再簡陋化感性。它給新文學戴上一頂五星帽，一頂佩着致命的緊箍咒五星帽。

載《自由中國》第十四卷第四期

（1956.9），頁 135-136。

感性的自覺

如讓冷酷的哲學觸及，

魔咒的魅力豈非要霎時消失？

天上有過一道惹厭的虹霓：

我們知道她的經，她的緯；她是

平凡而沉悶的清單的一頁。

哲學會剪却天使的羽翼，

滅掉神奇（用它的尺度準繩），

清除出沒的鬼魅，出穴的精靈 ——

拆毀虹錦，恰如那時，使嬌美的蛇妖

頃刻之間煙散雲消。

　　—— 濟慈：〈蛇妖記〉下篇二二九行至二三八行

　　一八一九年濟慈（John Keats, 1795-1821）寫下了〈蛇妖記〉（Lamia）。一八二○年收於《蛇妖記及其他詩集》。在這首詩裏，濟慈以典型的浪漫手法處理了一個典型的浪漫題材。這首詩的主題是哲學與詩的衝突，理性與想象的對立。它指出在理性冷酷的光輝裏，想像瑰麗的夢境將要頓時消失。濟慈將這主題寄託在一個奇譎的傳奇上。以蛇妖象徵詩與幻想的魅惑，以阿波羅尼代表哲學與理知的冷酷。想像，在濟慈的心目中，是經過情感渲染裝飾的印象。想像的美也

就是夢幻的陶醉，官能的享受。理知和情感的對立實在是浪
漫文學觀重要的特色之一。從某一角度來看，浪漫批評也就
是唯理論（Rationalism）的反叛。唯理論以理知（Reason）
為心靈最高的能力，認詩的創作必須在理知的指導下完成。
他們提出一串作家必須遵守的法則和規律。作品如果違背了
這些法規，便是失敗。浪漫批評則以詩為情感的流露。常被
視為英國浪漫運動宣言的抒情短曲集序便說：詩是強有力的
情感的傾瀉。從唯情論的立場來看，理知、標準、法則都是
累贅。非但不足以幫助詩的創作，反而足以損害詩的生機。
他們將批評歸諸理知，而以詩為情感的產物。理知與情感既
然是對立的，詩與批評當然也無法調協。

十九世紀末葉，沛德（Walter Pater 1839-1894）嘗試調
和詩和批評的關係。沛德「協商」工作的結果，是將批評變
成詩，將詩的欣賞變成官能的享受。結果，所謂印象批評，
創造批評，美感批評，以及司賓賡（J.E. Spingarn 1875-1939）
的「新批評」紛紛出現。這些世紀末的批評家雖然張着各種
色彩的旗幟，可是他們的立足點却是相同的。他們都承認批
評是作品所喚起的印象的記錄，是批評家陶醉在官能享受的
那一片刻的再現。個人的敏感程度既不相同，個人的趣味更
不一致，批評的客觀標準當然不存在。作品是批評家「靈魂
歷險」的起點，不是他沉思分析（contemplation）的對象。

唯理論的文學觀和唯情論的文學觀看起來是如此不同；
可是，如果我們深究他們的哲學基礎，那麼我們將發現他們
之間基本相同之處。唯理論和唯情論分析的出發點同是：心
（mind）及心智能力（faculties）。唯理論堅持理知的優越，

唯情論則爲情感而辯護。他們或以理爲最高能力而以情爲從
屬，將詩歸於批評的控制；或以直感爲最高能力，將批評化
爲詩的附庸；或以情理是對立的，批評是詩的敵人。每當哲
學家對心智能力有了新的瞭解、新的假設時，文學觀念也跟
着起變化。這些批評，直接間接地都曾經被介紹到中國。（想
起過去三十年介紹西洋思想的努力，我們不禁要驚嘆前輩過
人的精力了。）到今天，我們還可以發現類似於濟慈的說法：
哲學批評會窒息詩的活力。

　　我說從某一角度看，浪漫批評是感情官能論的批評。可
是說，浪漫批評就是感情的批評，那麼，我將重蹈傳統學者
的覆轍了。顯然地，德國的謝林（Friedrich Wilhelm Joseph von
Scheling 1775-1854）和英國的考律治（S.T. Coleridge
1772-1834）在某種層面上已經解決了情理對立的問題。他們
認爲情理之上尚有一種更高的調和能力：想像
（imagination）。他們所說的「想像」並非濟慈所說的想像
── 感情渲染過的印象。對于他們，想像是存在的自覺
（IAM）。表現於人的心智的是統一主客的觀照（perception）
和灼見（insight）。詩是詩人在特殊的「貌」裏見到普遍的
永恒的「神」。「美」是紛亂的「貌」，在「神」的調配下，
獲得和諧。考律治分析的對象仍是心和心智能力。他在《我
的文學生涯》（Biographia Literaria, 1817）一書中說過：要
將批評鞏固地建立於心智能力的分析上。

　　這個世紀西洋哲學基礎起了嚴重的變化。哲學討論的對
象從心智能力轉移到活動的「過程」（process）。哲學家的
興趣從劃分心智能力，歸屬心智能力轉移到討論過程的「方

面」（aspects）、「經驗」（experience）這一觀念取替了「心靈」（mind），理知和情感兩名詞也常為知性（intellect）和感性（sensibility）所代替。知性和感性不再是不可調協的心智能力而是經驗活動的兩度（dimensions）。所謂知性不過是經驗的規律化，感性是知性的經驗化。詩和批評同是經驗的自覺，同包括「感」和「知」兩方面。我們也許可以說詩是生的自覺再表現於經驗，而批評則是文藝的自覺被歸納成客觀的標準。一方面，批評要求敏銳的感性；另一方面批評要求客觀的原則。批評不是像唯理論所說的是一序列的信條，也不是像唯情論所說的是作品所喚起的印象和情感。杜威和艾略特（T.S Eliot）的文藝思想是這樣的不同；可是，在這一基本認識上，他們是相同的。杜威稱知性是一種習慣。艾略特則無時無地不為知性和感性的一致而辯護。考律治的批評基礎雖然建立在心智能力的分析上，可是他却能夠確切認識詩中「知」與「感」、「神」與「貌」、「想」與「像」的關係。近三十年來英美學術界和思想界對考律治的注意決非是一個偶然的現象。雷叟（Rayser）教授搜羅散佚的稿件、校勘版本，史奈德教授（Snyder）分析考氏文藝批評的邏輯基礎，繆哈德教授（Muirhead）研究考氏的哲學思想都有重要的貢獻。李察慈（I.A. Richards）的考律治論想像及最近出版的培克（Baker）的聖河則分析考氏的文藝思想。這幾位先生雖然觸及考氏批評的某些層面，可是（連李察慈先生也在內），都沒有深入考氏文藝思想的底蘊。真正瞭解考律治的恐怕還是艾略特。

　　如果我們承認批評是感性的自覺 —— 技巧上意境上的自

覺。那麼，批評和詩非但不是對立的，而且是相成的。最有價值的批評論文往往是詩人檢討自己的創作經驗的結果。

詩人在創作的瞬間不一定要自覺。可是自覺的訓練是一種幫助則是無庸置疑的。靈感也許是「技進於神」的那一瞬。技的素養使那神秘的一閃成為可能。每一個文學轉變時期，技巧上的自覺尤其是必須的。在偉大的新詩人出現以前，我們恐怕只有承認目前的新詩還逗留在轉變時期，摸索它的形式。（我說「形式」，是同時指「形見於象」的「形」和「象」。）

許多人還保留着這樣的印象：莎士比亞不是個「天才」嗎？蒲柏（Alexander Pope, 1688-1744）二十一歲就成為大詩人了，濟慈死在三十歲以前。這些問題引起我們的沉思。讓我們承認蒲柏與濟慈的天才。可是，他們的「早熟」卻有時機的「成熟」為條件。如果我們多知道一些英國文學史，我們將發現這三位天才出現以前，都有過一段相當悠長的醞釀蛻變時期。在那些蛻變期內，詩的討論和詩的創作同時熱烈地進行着。莎士比亞以前有無數詩人和劇作家在意大利文學影響之下，嘗試新的形式。潘勃魯克爵邸（Countess of Pembroke, 1561-1621）是當時文人聚會的場所。他們熱烈地討論，有時甚至面紅耳赤的爭辯詩歌上的問題。但尼爾（Samuel Daniel, 1562-1619）的《韻辯》（Defence of Rhyme, 1602-？）和甘碧翁（Thomas Campion, ？-1619）的《英詩辯藝》（Observations in the Art of English Poesie, 1602）——這兩篇批評史上重要的文獻透露了一些消息：那時候的詩人如何認真地討論批評，創造形式。古典主義進入蒲柏時代前則有王政復辟時期一段準備。我們甚至可以將這段準備時間

推早到清教徒專政時期，流亡在法國的詩人身上。我們都知
道霍布士（Thomas Hobbes, 1588-1679）是個政治思想家。他
的《國家論》（Leviathan, 1651）是政治思想史上重要的著
述。霍布士也是個文藝思想家；他的與但撫南（Sir William
D'avenant, 1608-1668）《論英雄劇詩書》（Answer to
D'avenant Preface to Gondibert, 1650）讓我們知道那時詩人和
批評家所關切的一些問題：那時流亡異國的詩人如何高度自
覺地研討文學的方向，錘鍊新的形式。至於哈德主教（Richard
Hurd, 1720-1808）的《論騎士精神與羅曼史書》（Letters on
Chivalry and Romance, 1765）及勃藍教授（Hugh Blair,
1718-1800）在愛丁堡所講授的《修辭與美文》（Lectures on
Rhetoric and Belles Letters, 1783）；大家都知道他們與浪漫
運動先驅者的關係。勃藍教授更是墳場詩派的主要詩人。沒
有那些蛻變時期的準備，莎士比亞、蒲柏、濟慈的天才也許
會浪擲在彷徨摸索之中。

　　我們無法製造天才，可是我們却能夠制造一些有利於天
才的條件和情勢。英國文學史上的事實使我回顧中國傳統詩
歌發展時得到不少啓示。漢魏古詩，唐的律絕，宋詞元曲的
產生成熟 —— 每一次文學史上的大變動都有他的準備醞釀時
期。偉大詩篇的產生是詩人和批評家努力的終極目標。可是，
蛻變時期的小詩人（尤其是對自己的藝術高度自覺的小詩
人），不容否認地有他們的重要性。

　　我不是個文學進化論者。每一偉大的詩篇都是「絕唱」，
每一詩體都有它特殊的功能。離騷不是李白杜甫所能寫的，
李白杜甫的形式也不是李後主和柳永所能再度表現的。我要

重覆一次地說明：我所說的形式是同時指「形見於象」「神藏形見」的形象和神形。一個完美的詩篇裏，神和形、意和象永遠保持着一種若即若離的距離。使我們知道「形」「象」之外尚有「神」「意」；而同時又使我們感到神與意是這樣無間地被表現在形象裏。這也許就是一般人所說的「深度」或「強度」。傳統批評有「水月鏡花」的說法。從形與象、神與意間若有若無的關係來看，這是一個很好的描寫。

　　什么是「神」？什么是「象」？這兩個問題所涉及的範圍是這樣的廣泛，推演的程序是這樣的繁複，不是這篇短文所能解答的。如果我們硬將討論凍結在文字語言這一階段，那麼我們可以說神是意義，象是符號──文字。文字可以說是詩的起點，也是詩的終點。健康的文字，符號代表一段切實的經驗或意義。詩的文字非但以符號來「代表」，而且更利用音節、聯想等等來「強化」這一意義經驗。──「言有盡而意無窮」。

　　過份着重詩的音樂性、暗示性、結果常發生副作用。詩的音樂、聯想不再代表肯定的意義，失去經驗的憑藉；專向那些朦朧隱約的情感召喚。爲朦朧而朦朧，爲聯想而聯想。詩變得意有盡而言無窮，重又回到野蠻人敲大鼓表達情意的局面。每一次詩的「革命」，也就是詩回到日用語言（語體文）的運動。（日用語言不斷地記錄並且消化經驗。）英國古典主義的先驅者卓萊登（John Dryden, 1631-1700），浪漫主義的代言人華滋華斯（William Wordsworth, 1770-1850），和被人目爲艱澀難懂的現代詩的創導者艾略特都提出詩要語體化的主張。可是，這幾位自覺的詩人都明白，詩並不等於

語體文。詩人回到語體文，同時又離開語體文，錘鍊語體文，增強它的表現能力。蒐集民謠，研究大眾語都是可敬佩的努力，同時，我們也必須認清民歌與詩的分野。

　　許多年來大家都在焦急地等待偉大詩人的出現。（沒有詩人的國家等於不會說話的人。）偉大詩人什麼時候出現不是我們所能夠預言的，但是偉大詩人出現的條件卻是可以分析的。文學轉變時期也是感性高度自覺時期，藝術磨練、形式鍛造時期。也許當批評家的「意」（ideas）和詩人的「見」（vision）多方接觸之下，漸漸地調和起來時，詩才具備了一些有利的條件。

　　上文舉了一些英美文學史上的人名和書名。這並不是因為我覺得英美的月亮也比較大。而是希望從人類經驗歸納一些共同的現象，抽取一些共同的原則。在比較分析中，給舊的事物加上新的光輝。二十世紀是屬於「未來」的 —— 物質生活改善了，使人可以活得更豐富，對未來更有信心。但是，二十世紀也是屬於「過去」的 —— 物質生活改善了，使人有餘暇更深入地沉思過去的成就的意義。那意義在過去是一種暗示，在未來是一種可能。有人懷着一副好心腸勸告大家：不要在歷史的紀念碑前沉睡。但是，請注意：歷史不是一塊死硬的紀念碑，正如未來並非是突然出現的奇蹟。在本土的、外來的、新的、舊的種種達到溶化調和的階段，我們的傳統將重新獲得它蓬勃的生命力，我們的文藝也具備了「偉大」的條件 ——「周雖舊邦，其命維新」。

載《自由中國》第十八卷第十二期

（1957.6），頁 387-388 及頁 393。

大學英文系與「英文人才」

　　去年春天洛杉磯（Los Angeles）亞洲學生週報轉載臺北英文《中國郵報》社評一則。大意說目前臺灣迫切需要英文人才，但大學英文系只知道供給一些高不可攀的文學課程，對實用英語不夠注意，造成英文系畢業生不能滿足社會需要的現象。因此建議英文系特別注重「實用」英語。郵報所說的「英文人才」大概是指新聞、商業、軍事、外交各界的編譯人材。社會需要這些人材一方面足以顯示目前國內外文化交流的急劇，另一方面也指出我們這個社會吸收能力的旺盛，新生力量的豐富，這是可喜的現象。但是大學英文系的目的是否在訓練「英文人才」呢？除開大學英文系改變課程去培養這類人材，有沒有更妥善的辦法呢？

　　假如我們承認大學是一群人為了追求知識、探討學問而結合的組織，那麼大學英文系應該是研究英國語言文學的機構。英文系的內容必須取決於它研究對象的知識內涵。

　　首先說英國語言的研究。任何語言擺脫不開形、音、義三個因素。橫的方面，學者可以從形、音、義一般性的或地域性的結合的特質剖析語言。縱的方面，學者可以分析一個語言形、音、義蛻變的過程與演變各階段的殊相與共相。近代比較語言學高度發展以後，語言的研究有脫離英文系的傾

向。有些大學獨立設立比較語言學系，有些則將語言學課程
歸屬於人類學系。而語意學的研究更爲哲學系的特殊領域。
現在大學英文系所保留的，往往僅是英國語言史的研究。同
樣地，英國文學的研究也可以分成縱的歷史性的分析和橫的
原則性的辯解。縱的方面，學者可以分「期」研究，從事於
史料的輯訂、版本的校勘、文學史專題研究、文藝現象與歷
史背景交互關係的商討。橫的方面，學者可以分「類」研究
英國小說、戲劇、散文、文學批評，闡述它們的原理和原則。
理想的英文系的最終目標是通過歷史考據（Philology）及義
理批評（Criticism）兩條途徑窺測英國文學的全貌。嚴格地
說，沒有一所大學的英文系是合於理想的。它們有些偏重於
義理，有些側重於考據；有些特別注意近代文學，有些特別
注意中世研究（Mediaeval Studies）。國內大學限於人材經
費，困難當然更多。但是一時不能實現目標是一回事，放棄
目標，混淆目標又是一回事。放棄、混淆目標是使英文系起
了質量的變化。

　　顯然地，中國大學英文系帶着濃厚的地域性特色。它的
第一個特色導源於近代中國文藝復興運動。文藝復興運動雖
然植根於傳統的白話文學，但在風格上和形式上却受了西洋
文學重要的啓示。近代作家不斷地錘鍊融化西洋文藝作品的
形式、風格，使它們成爲成爲中國文藝傳統嶄新的內容。這
些年來大學英文系一直成爲中國文藝復興的搖籃。有人不斷
翻譯英國文藝作品，有人則因受了創作上某些問題的困擾，
希望因研究英國文學而獲得啓示。這種特殊情況並沒有傷殘
英文系的本質。相反地，它將英國文學安置在一個新的角度

上（perspective），給英國文學研究帶來新的課題、新的動力（incentive）。

　　國內大學英文的第二特色導源於中國社會的特殊需要。英文是外國語；近幾十年來和英美社會往來頻繁，國內需要數量頗爲可觀的「懂英文」的「英文人材」處理商業、外交、軍事上往來的文牘，採訪編譯國外新聞。整個教育制度在混亂狀態之下，訓練「英文人材」這項任務也就不知不覺地加於大學英文系。有人讀英文系爲了要想當洋行買辦，有人爲了想當英文秘書，有人爲了想當英文報編輯，更有人乾脆是爲了「出洋」。有一段時期，芝加哥大學政治系六個中國留學生中間有四個是國內大學英文系畢業生。非但學生對英文系的本質缺乏理解，往往連教師也是如此。筆者年前遇見一個美國人；這位先生是教育學碩士，專攻社會教育。除開會說英文以外，對英美語言學文學十足是個門外漢。然而，他竟在上海某著名教會大學擔任英文系主任多年。他曾向筆者誇口，說他主持英文系時特別注意「會話」。這樣的「主任」，那個英文系也就不問可知了。在他的英文系裏，語言學或文學課程當然只是一種徒增累贅「高不可攀」的殘跡（vestige）而已。英文系的本質既已部份起變化，其內容當然也隨之蕪亂不堪。學生、課程「同床異夢」，形成嚴重的「脫節」現象。

　　近代知識趨向高度專門化，說「懂英文」便可出洋留學成爲無往而不利的留學生，便可成爲軍事、商業、外交、新聞界優秀的「英文人材」，這不是錯覺便是幻覺。將訓練軍事、商業、外交、新聞界的人材的責任交給英文系只不過增

加英文系的混亂而已。無論為英國文學研究的前途着想，或者為訓練「英文人材」的效率着想，目前主要工作是肅清蕪亂，不是增加蕪亂。教育當局應該促成訓練「英文人材」的機構專業化。譬如說，軍事翻譯人員可以由軍官學校外語班訓練，商業秘書可以由商業專科學校訓練，或者在大學商學系增設商業英語等科目。另一方面，教育當局可以改善中等學校英語課程，加強「基本英語」的訓練。至於存心「出洋」的年青朋友，則更大大可以不必為了「出洋」而投考英文系。學新聞的不妨直接進新聞系，學經濟的直接進經濟系。在大學四年，儘可多讀「本行」的英文著作，增進英語閱讀寫作能力。

　　英文系的多頭現象存在既非一日，一般人習慣於亂糟糟狀態，一旦有人截然指出它的本質，澄清它的目標，反而覺得其內容的狹窄，實際功用的渺茫。這種急切求功的心理固然是英文系的致命傷，也是整個大學教育，整個社會的隱憂。筆者以前在本刊「我們為什麼要大學」一文曾指出這種短視心理所引起種種不健康現象。在自然科學方面，一部份國人似乎有某種程度的覺醒。不再覺得理論科學是「玄之又玄」「高不可攀」「與社會脫節」。但在人文學方面，意見仍是一片紛紜。本文目的在闡述大學英文系的真正性質，無意節外生枝，討論文學與人生，學術與社會等最基本的問題。最低調地說，如果我們有三五位真正有分析英語能力的專家，有三五位真正熟悉英語語言史的學者，那麼今天我們也許會有幾本像樣的字典、詞典、幾冊權威的參考書。在訓練「基本英語」或「英文人材」時，我們也許可以減少不少困難。

將訓練「英文人材」的責任加諸英文系，勢必兩敗俱傷；這
樣，英文系既無法養成優秀的「學者」，也無法訓練實用的
「人材」。

載《自由中國》第十七卷第三期（1956.08.01

初版/1956.08.26 再版），頁 80。

文藝政策的兩重涵義

　　如果我們真誠地關切中國文學今後的趨向，我們無法忽視「文藝政策」這一問題。同時，如果我們想對「文藝政策」一辭獲得個明確的概念，我們又勢必無法避免探討「文藝」和「政治」之間的關係。只有在明確地指陳出政治與文學之間基本上的同和異、銜接和區別，我們才能夠嘗試解答「我們是否需要一個文藝政策」或「我們需要怎樣的文藝政策」之類的問題。四年以前，筆者曾在本刊發表「從文藝的應用性談文藝政策」一文，以文學與政治之間的「同」為焦點觀察這些問題。本文則想從這兩者之間的「異」來討論這些問題。

　　首先說政治。政治的目的是維護正義（justice），政治的手段是權利（power），政治的工具是政府（government）。政治思想史上，思想體系極盡分歧錯雜的能事；但是，這種分歧現象之所以發生，並非由於思想家對政治這一概念的基本性質有所爭辯，而是由於對正義的涵義、權力的形態、政府的結構各抱不同的意見，堅持不同的解釋。試以正義或公正的解釋為例。我們只要舉兩個例子也就可以說明我們的論點。有人目見國際之間，強大國家挾其文化、經濟、軍事上的優勢侵略奴役弱小國家，深感國際之間的不公不平，因同

情弱小國家的遭遇，遂站在弱國的立場闡釋正義一辭的意義。將正義與民主獨立、國家自由等觀念結為一體。政治上某一類型的國家主義隨之而起。另有人目擊落後地區文化落後、生活水平低落、辜負大好自然資源、浪費無限有用人力，深感強大民族應負積極開發落伍地區的責任。或絕對地站在強國的立場闡述正義，將正義與優秀民族的擴張混為一談，造成政治上另一類型的國家主義；或站在人道的立場闡述正義，將正義一辭解釋為國際間的互助，提創國際主義。這些思想家都以國際關係為基點解釋正義。另有人以經濟關係解釋正義，將正義一辭和社會思想、社會意識結為一體，政治上的社會主義隨之而起。但是無論思想家對正義一辭如何解釋，他們對於政治應化「暴力」為「權力」，化「服從」為「責任」或「義務」，這一點却是不存疑問的。（譬如說，在近代國家有人違反兵役法便是違背國民的「義」務，政府可以運用權力，加以處罰。）所以我們說，政治的目的是維護正義，政治的手段是權力，政治的工具是政府。

　　文藝的目的在擴大自我（depersonalization）和「解脫」（catharsis）。文藝以喚起情感的共鳴為手段，以文藝作品為工具。唯實論者和經驗論者對「解脫」一詞有種種不同的解釋。唯實論者以為文藝是絕對的真（reality, being, etc.）的象徵。「解脫」乃是人和真際接觸時候的「體會」、「灼見」、「了悟」。在那一瞬間人從紛亂的現象界中窺見事物的秩序和意義，由「幻」入「真」。在那一瞬間自我擺脫了束縛，進入文藝作品所構成的世界；因「解脫」而得到「快感」。這一解脫的程序，柏拉圖（Plato）稱之模倣，考律治

（Coleridge）稱之為想像，克羅齊（Croce）稱之為直覺。紅樓夢的作者說得最好：「……不免帶他下界一走，了此未了之情。」經驗論者則以為文藝是經驗的綜合；在綜合的過程中，經驗協調矛盾，獲得和諧，發現意義。經驗不斷和諧化的過程也就是人格不斷擴展的過程。這一過程近代美學家或稱之為「交感」（sympathy），或稱之為「移情」（empathy），或稱之為「和美」（synaesthetics）。唯實論者假設一個終極觀念（ultimate idea），通過這個終極觀念討論「解脫」的過程。經驗論者假設一個動態的過程（process），通過這個過程觀察「解脫」的意義。兩者對於文藝的「解脫作用」的認識在基本上却是一致的。

　　「公而忘私」顯然地是擴大自我的一種方式。也正因為這個緣故，我們不能否定文學上有「社會劇」「問題劇」「愛國詩」……等等的存在。它們所表現的經驗是人類經驗中重要的一部分。但是，同時，我們必須明白地指出一部份只是一部份，並非是全體。硬以某種模式的社會或某一特定民族為擴大自我的最後目標，硬以「正義感」或甚至由正義感派生出來的「民族意識」「社會意識」為「解脫」的最高境界；這樣非但沒有達成擴大自我的目的，沒有完成解脫作用，這種武斷的態度已經在根本上傷殘了「解脫」和「擴大」的意義，毀滅了文藝的目的。所有的狂熱者（文學統一論也是一種狂熱）的特色是「狂」（insanity）。他們為某些特定的「意識形態」抽象概念所左右，無法解脫「意諦」的死結，結果是「狹」、是「偏」、是「蔽」、是「陋」；狹、偏、蔽、陋終至使心靈喪失清明（sanity）。解脫也就是去蔽；擴大自

我也就是除偏。文藝的目的是使心智保持清明，使感性保持活潑的警覺。這裏，我想順便指出張愛玲的「赤地之戀」在當代中國小說史上的意義。「赤地之戀」洋溢着當代小說罕有的悲劇感。作者並沒有運用凄楚的言辭來製造一種惻然的心情。「赤地之戀」的悲劇感是建立在「真」與「幻」，「狂熱」與「清明」的對照上。是的，作者在這裏寫下以「社會意識」為號召的大迫害、大屠殺的殘酷。但是她所寫的不是人道主義者所說的殘酷（cruelty），而是一種違反永恒的道德規律的罪惡（evil）。作者側重的不是屠殺的恐怖，而是被屠殺者的無辜。作者側重的不是駁斥「社會意識」這一抽象概念，而是指出「正義」如何為「正義的招牌」所虐殺。當我們開始覺察「狂熱」只是一種「狂熱」，「幻境」只是一種「幻境」，當我們的心智漸漸開朗時，一股無可抗拒的悲劇感滲透過我們的全身。

政治上，「政府」運用權力，達成維護正義的行動。文藝上，「作品」運用它的感召力引起某種態度。「政府」的組織為政治學的基本課題；「作品」的藝術則為文學上討論的焦點。上文曾提起曹雪芹的文學觀：「…不免帶他下界一走，了此未了之情。」文學家之所以成為文學家也就因為他能夠帶人「下界一走」；因為他能夠運用文字符號創造一個作品中的「世界」。亞里斯多德所指的形式也正是修辭家所指的內容，李察慈（Richards）所指的內容也正是克羅齊所指的形式。近代語意學家繼承希臘羅馬修辭家的傳統，從文字入手探討作品的藝術。他們首先觀察文字語言的「行為」（behaviour），再則分析意義的元素（parts），進而區分文

字爲「客觀的符號」（bare signs）與「主觀的符號」（invested signs），結果將表現的藝術分爲繁簡二種。從繁簡的程度、意義元素的結構辨認作品的特色。近代的唯實論者如艾略特等則從假定「真際」與「實際」入手，進而將創作技術分爲寫實的與象徵的。更有人繼承《詩學》（poetics）的餘緒，以作品的類爲分析的對象，探究它們結構上的特徵。而考據家、傳記家、歷史家、社會學家更不斷地多方面地嘗試闡述作品的特色，幫助讀者瞭解作品，供給作者一些可參考的的技術。作者從研究文學者的手裏偶然可以獲得一些創作技術上的啓示；創作傳統往往又供給作者一些粗糙的模型。但是，嚴格地說，每一個作家有意無意之間都在創造自己的獨特的表現「形式」和表現「技術」。他的成功或失敗也繫於他對「形式」和「技術」的控制能力。在這一方面，政治家是「愛莫能助」的。要是有人說莎士比亞在創作上的成功是伊利莎白女王指示的結果；說杜甫在創作上的成功是唐玄宗「文藝政策」的成功……這些都是不可思議的。

　　綜合上文的討論，我們不難獲得這樣的結論：（一）以政治的原則爲文學的原則，結果勢將使感性簡陋化，終致心靈喪失清明、「舉國若狂」。如果一個社會感性日漸僵化，心智喪失清明，則對「正義」一概念的認辨能力亦勢必隨之衰退。這樣很可能演變成以維護正義始而以虐殺正義終的局面。（二）文學家之可貴在他能引人「下界一走」。這引人「下界一走」的能力政治家可以設法摧殘之，但無法取代之。政治干涉文學可能摧殘文學，但無法提高作家的創造能力。

　　一個文藝政策如果嘗試以政治的原則取代文學的原則，

其結果必然是可悲的。但是文藝政策並不一定就是以政治原則取代文學原則。這樣，我們的討論轉到了文藝政策的第二涵義。

從政治的立場，從公正（justice）的觀點來看：一個政治社會裏，每一分子應該有充分發揮他的能力的機會。有科學天才的應該有充分發揮科學天才的機會；有政治天才的應該有充分發揮政治天才的機會；有文學天才的應該有充分發揮文學天才的機會。在這一方面，政府消極地應該保障思想自由、創作自由、出版自由；積極地應該協助學術機關使文學家有施展天才的機會。

從政治的立場，從公正的觀點來看：當作家的酬報和他的努力失去平衡時，政府應該協助作家福利事業的展開。

目前，政府對文學除開干涉創作內容以外並非沒有可做的事。舉一例，如教育當局購買原子爐之餘，不妨平心靜氣想一想，如果我們的社會失去了一股清明之氣，與維護這股清明之氣的文學，其後果將是如何？在選派留學生、交換教授、籌設擴充研究機關等事項時，我們似乎應該考慮客觀情勢、經濟條件，使文學獲得比例上的機會。當一股狂熱之氣控制社會時，即使是意識到「心智的清明」這一問題，也需要睿智。當狂熱席捲一個社會時，心智的清明更特別重要，文學的責任也特別重大。只有忠於生活、忠於經驗、忠於藝術的文學家才能夠負起這樣重大的責任。

一九五八年九月於紐約。

載《自由中國》第二十卷第十期

（1958.5），頁 316-317。

悲劇與英雄

Arther Miller 作

李 經 譯

　　編者按：二十世紀之初，美國文學還在摸索它的道路。
第一次歐戰前後作家紛紛外流。但，曾幾何時，美國文學居
然建立了自己的風格，具備了一些突出的特徵。譯者之所以
翻譯這篇短論，除覺得它對舊形式——悲劇——提出了若干
值得深思的新見解以外，還有二個理由：㈠密勒本人是個劇
作家。這篇短論可以當作他的劇本的註腳看；㈡這篇短文提
出的技術性的問題固不一定全爲當代美國作家所接受贊同，
但它卻很能夠代表他們摸索嘗試，在建立自己的形式這一方
面的努力。藝術是最富普遍性、永久性的；同時，也是最富
於時間性，地域性的。

　　這些年來很少有悲劇作品出現。一般人都覺得這是現在
英雄人物凋零的緣故。懷疑主義已經將現代人最後一滴信心
也吮吸乾枯了；豪放的英雄氣派和審慎的科學態度顯然並不
協調。他們舉出種種理由，不是說這時代太低調，便是說悲
劇太高調。明言暗喻，其結論不外說：悲劇形式早已落伍，
它已經和王公貴冑同爲時代淘汰了。

　　我覺得普通人和以前的帝王一樣，可以充當最深刻的悲

劇的主角。心理分析學的基本概念如「葉狄柏斯情意結」，
「奧勒斯忒情意結」等都是根據帝王事蹟取名的。可是，這
些「情意結」可能在任何人的心理出現。這個事實值得我們
深思。

　　如果不談悲劇，大家都接受「人同此心，心同此理」的
說法。權位顯赫的大人物和小民的心理活動並無本質上的差
異。崇高的悲劇要真的是偉人們的私有品，觀眾還會崇奉它
為最高藝術形式嗎？更不消說費心去理解它了。

　　悲劇感是怎樣起來的呢？一般地說，當我們看見一個人
不惜犧牲性命去保護他的自尊心，悲劇感也就隨之而起。（保
持自尊心，也就是保持一個人的人格形象底完整。）從奧勒
斯忒到哈姆雷特，梅狄亞到馬克白，悲劇的基本情節無非是
人在爭取他「義不容辭」的地位而已。

　　有些悲劇主角已喪失去這種地位，有的則在爭取這種地
位。但，悲劇情節卻永遠環繞着一個致命的傷口展開——自
尊心上的傷口。而憤懣之情也就是支配情節的力量。悲劇（總
結一句），是人不顧一切去公平衡量自己的價值的結果。

　　正如傳統批評所說的，悲劇故事的動因是性格上的「缺
陷」。與其說是「缺陷」倒不如說是「創口」。這個「創口」
（crack）既不是王公貴胄所獨有的，也不一定真的是缺陷。
它不過是一種不妥協、不馴伏、決意對抗威脅、保持人格形
象完整的決心罷了。只有聽天由命的人才沒有「缺陷」或「創
口」。絕大多數人可以說是無「缺陷」的。

　　但是啊，過去如此，今日亦如此，我們中間總會有人起
來，和侵犯他的自尊心的秩序對抗的。他們底反抗使我們對

因膽怯、麻木、無知而接受下來的秩序發生懷疑。悲劇人物對貌似安定的宇宙作全面性的挑戰，對貌似不變的環境作全面性的質疑，而終於引起了和悲劇連鎖在一起的恐怖、畏懼感。

重要的是：當我們澈底懷疑那些不容置疑的事物時，我們的心靈開始成熟了。這一切，都是在一般人能力範圍之內的。過去幾十年世間的巨變，一次復一次地昭示：老百姓的心理正潛伏着巨大無比的悲劇動力。

固執悲劇主角權位之顯赫及性格之矜貴，不過在保持悲劇外表的形式。假使顯赫矜貴真的是悲劇不可缺少的成分，那麼悲劇所處理的問題永遠應該是貴冑們所特別感興趣的問題。時至今日，王室攻城掠地之「權」固然不會引起我們情感上的激動，我們對正義的看法和伊莉莎白朝的王公們的看法亦大有距離。

悲劇之所以成為悲劇，也就是因為它能夠激起恐懼之情；使我們惴惴不安，唯恐自己所塑造底人格形相在外界壓力之下走了樣。目前，這種恐懼之情非但存在而且很強烈。老百姓對這種感情的體會尤其深切。

悲劇既是個人價值意識自覺的產品，是個人對自己的價值作澈底而公平的估量的結果，那麼悲劇人物之毀滅，也正是整個人類的污點。這就是悲劇給我們的教訓。悲劇「啓示」給我們，我們從悲劇「領悟」到的道德律既不空虛也不玄妙。

悲劇權是生活條件之一，有了這條件，個性才會開花結實。妨礙原創能力、阻塞人情自然流露的一切都是罪惡。悲劇富於「啓示」性，因為它英勇的手指正指向人類自由的敵

人。悲劇為自由而奮鬥，所以它是崇高的；悲劇無畏地懷疑不容置疑的環境，所以悲劇使人恐懼。這一類思想、行為應該不是常人「力所不逮」的罷。

當前悲劇作品之缺少，一部分原因在近代文學無保留地接受了心理分析學及社會學的人生觀。如果真的如心理分析學所說的，人生的苦惱與屈辱都是先天的心理現象，那麼一切的行為都不過是機械的運動而不是行為，更不必說英雄氣派的行為了！

如果箝制生活力的罪惡應由社會單獨負責的話，主角的個性既是那樣的白璧無瑕，也就不成其為角色了。這兩種人生觀都是和悲劇不相容的。它們的看法是片面的。而悲劇必須對因果關係作最精密的審度觀察。

載《自由中國》第二十一卷
第三期（1959.8），頁 90。

介紹《埋沙集》

　　艾山先生的《埋沙集》去年由文星書局出版。這是艾山的第二個詩集。他的第一個詩集 ─ 《暗草集》所收的是三十年代和四十年代的創作;「埋沙集」則是他五十年代作品的結集。三十年代許多詩人對古典作品發生了新的興趣,嘗試從舊詩詞裏提取若干表現方式。艾山似乎是其中之一。這種興趣,在《暗草集》裏到處可以見到。其中如〈古屋三章〉,就形(byle)式(form)和意(idea)見(vision)諸方面來看,都是極富代表性的。

　　在《埋沙集》裏,艾山繼續努力,或嘗試將傳統的格律直接化爲新詩的節奏;或以古意與成語加入新詩;以古意與成語造成頓挫,以頓挫更換旋律,以旋律拓展情感的深度。〈待題〉(準十四行)」也許是艾山在這一方面的重要成果。這首詩以祖國地形爲基本(thematic imagery)。情感隨地形之開展而發展,旋律隨崗巒之起伏而起伏。整個詩篇的建構恰如一幅精心設計的地形圖 ─ 以情緒爲經絡所繡織起的地形圖。複雜而多彩,同時其中哀樂延綿,情思流轉,意象聚散,歷歷可數。

　　艾山向傳統伸手,同時他也毫不猶豫地擁抱新印象,新經驗。長詩〈水上表演〉是這一方面的代表作品,「待題」

是延續的意象，〈水上表演〉則是斷續的意象。將斷續的意象在詩的萬花筒中重新組合爲圖案；將延續的意象在詩的三棱鏡前折射投散，兩者都需要高度技術素養，《埋沙集》同時嘗試了這兩種藝術。

　　《埋沙集》裏的〈石林〉承受了中國詩特有底「空靈」「清苦」的境界（Quality）。它有象徵詩的空遠，卻沒有迷途於象徵的山林。艾山的情詩如〈中途〉，〈耳語〉，〈七夕〉，〈破綻〉，〈音樂的過錯〉⋯⋯細密精緻；而其社會詩如〈非洲土人的困惑〉，〈希特勒的受罰〉，〈偶感〉，〈李莎〉⋯⋯則工整含蓄。他的社會詩有強烈的正義感，卻怒而不怨，他的情詩敏感如神經末梢，但不失其深厚。〈萬花筒〉裏，艾山曾說：

　　　　「我必須從熱鬧中中立。」

　　艾山的世界是靜與動的交接點。這兩度的空間使他的世界敦厚而曠遠。這兩度空間也許是他徘徊於傳統與現實的結晶。

　　顧一樵先生在《埋沙集》序文裏提出重、大、拙，爲論詩標準。「定性批評家」（Qualitative critics）古人如司空表聖論雄渾，近人如 T.E. Hulme 論拙實，都有重要的哲學論據。在這一方面，顧氏似乎沒有滿足我們的好奇心。鄙意以爲，一首詩真的能達到「清虛」或其他境界，一樣不失其爲上品。

　　這個時代也許有它的基調。但是，（一）這個基調是拓路人的製作。二十年代的 Hulme 與其同僚在提創拙實的境界時是有一番苦心的。（二）這個基調由不同的樂手來演奏，可能會有不同的解釋。

　　艾山對表現方式作大膽的嘗試，但對詩創作則抱極端審慎的態度。《暗草》《埋沙》 兩集的題名和《暗草集》的遲遲出版，充分說明了他創作態度的嚴肅認真。大膽嘗試，小心求證，也正是四十年來詩創作的動力。新詩的日趨成熟，也正是這些認真而果敢的拓路詩人的賜與。近年來，如瘂弦先生向亞熱帶性的官感世界探求詩的靈跡，如余光中先生用新的意象拓展詩的新領域，如覃子豪先生用細密如游絲的章法捕捉同樣細密的情思，他們的努力賦給新詩新的光彩。讀《暗草》與《埋沙》二集以後，我為新詩而慶幸。現在，正如過去一樣，有無數嚴肅而勇敢的詩人，獻身於詩的藝術，用詩塑造生命的雕像。

載《海外論壇》第二卷第十二期

（1961. 12），頁 11。

《艾略特詩律中辯證法的結構》
（節譯）

鄭臻（鄭樹森）譯

　　很多人都不知道我們有一位「現代詩」的急先鋒失蹤了。等到去年尾「星座」詩人在美國中西部的「夢到她」湖邊找到他時，他已是研究艾略特的優秀學者。當盧飛白先生以「李經」的筆名在臺灣詩壇出現時（見文學雜誌等已停刊的刊物），許多現在詩壇的老大哥還在大寫押韻平頭的新詩，拖着一條蹩腳在詩壇上一拐一拐地學走路。盧飛白先生曾致力於文學批評，是「芝加哥批評家」的一員，他的英文著作，*T.S. Eliot, The Dialectical Structure of His Theory of Poetry* 在一九六六年由芝加哥大學出版後，成為第一個有系統性的研究出艾略特的詩律是架構在辯證法上面的艾略特學者。全書不可分割，不過我們由於急切將這些光榮帶給中國人，只好閉着眼睛，隨便切出一塊，放在給位的前面，然后大聲說，我們找到他了，他已成為名學者！我們還想勸他剃髮，再當詩人呢！── 星座詩社

　　艾略特的詮釋者經常喜歡談及他對「系統的自然厭惡」，

對這一點他也不止一次承認過。但「系統」這個名詞，在艾略特的作品中，是曖昧的，且也具有兩種意義；好的和壞的。系統可以解作與經驗割離的骨骼的概念，它也可以是指印象與情感的動力的結構。從壞的一面看，系統是死去的計劃；從好的一面看，系統意味着活潑的秩序和生動的統一式。因此，在艾略特對批評家及批評理論的討論中，「系統化」這個名詞既是一個讚揚的名詞，也是一個非難的名詞。有時他也會廻避系統談及麥奇維里 Machiavelli 時，艾略特寫道：「雖然他是建構性的，他並不是一個系統的建造者，而他的思想祇可以重覆，但不可以綜合。也許是他那想法和陳述都驚人地準確的性格，使到他缺乏「系統」；因爲一個系統幾乎無可避免地需要些微扭曲及忽略。」但在另一些時候，艾略特對系統是非常關注的。他說：「一個印象需要不斷地被新印象所更新，好使它能耐久；它需要隸屬於一個印象的系統裏面。」而「在一個真正有欣賞力的心靈裏，意念並不是成團地積貯的，而是自己形成一個結構的。」

　　從一方面看來，艾略特的批評理論雖是一個辯證法的結構，它是非常不系統化的；但在另一方面，它又是極系統化的。Knight, House, Lucas, Bateson, Eastman, Winters, Robbins, Mordell, Austin, Karl Shapiro 等的批評並不是完全沒有根據的。他們全都應該被讚揚，因爲他們坦誠地指出艾略特的曖昧性及矛盾。由於他們未能找出足夠的互相矛盾的立論，以揭示出它們的對及對立底和解的特殊方法，及憑什麼道理這些和解和對立是合理的，他們的視野都被限制了。本文旨在昭示而不是評估艾略特的批評理論。但如果有任何評估艾略

特的批評的企圖，它最終一定要牽涉到對辯證法結果的評價。

當然，艾略特對辯證法的運用並沒有全然逃過他的詮釋者。Ants Oras 在 *The Critical Ideas of T.S. Eliot*（1932）中，第一部分他列舉八條「批評原理」，第二部分他試圖指出艾略特對「個人才具」及「傳統規律」的對立及和解。在一九四○年，Leo Shapiro 簡略地提及艾略特對「宗派哲學」中對立成份的運用，例如本質與存有，能力與實在（act），概念與創造。Harry Slochower 在一九四五年提及艾略特對現在與過去的辯證法的和解：「艾略特帶進爭端裏來的，是辯證法的處理方法，而這種處理使到他認為現代主義最終的方略中只是有機的部分。Charles Moorman 在 *Order and Mr. Eliot*（1953）中，於艾略特底方法的特色裏，特別列出「反對論的不斷互相結合」及柯立基的「對立成份的溶合」的原理之運用。Sean Lucy 在 *T.S. Eliot and the Idea of Tradition*（1960）一書中說：「艾略特的詩律幾乎可以 ── 好像英國憲法 ── 稱為一種支票與差額的系統。」

James Graham 在他的剖析 *The Critical Theories of T.S. Eliot and I.A. Richards*（1940）裏，無意間注意到艾略特的詩律是建立於一條以思想和情感為現實的原理上。但這有用的線索從未採用而努力地追蹤下去。在艾略特的宗教理論中，現實及外表的辯證性，在「基督式情感」及「基督式想法」之間，在自覺的組成（權威）及不自覺的表現（傳統）之間，在教條和教堂之間，神學及祭儀之間，神秘主義者和基督教士之間及其他之間，製造出一系列的矛盾；由是便使到艾略特一方面非難現代主義的無政府狀態，而另一方面便非難「教

皇絕對權力主義」的教條化。Graham 由於未能抓住艾略特的
辯證法，便祇把握住他底理論的一面。Graham 以為艾略特將
宗教認同於權威，而權威認同於羅馬教條。由於艾略特認許
「知性對情感的審核」，（Graham 又以為）艾略特傾向「知
性主義」、「獨裁主義」、「中古主義」，而是像 I.A.瑞察
茲那樣傾向於「自由制度」、「自由主義」、及「現代主義」。

　　一如 Graham，Leonard Waters 在他的研究 *Coleridge and
Eliot*（1948）裏，注意到艾略特批評理論中思想與情感的對
立及和解。而一如 Graham，他也未能把握住這條線索的所有
暗示。Graham 祇看到艾略特「中古」的一面，而 Waters 祇
注意到「現代」的一面。Graham 說艾略特在宗教上是教條主
義者，在批評上是道德家；Waters 在另一方面，把「經驗科
學」——佛洛依德心理學及 Fraser 的人類學——指為艾略特
底詩學的基礎，又以為法國象徵主義者及超現實主義者是艾
略特批評概念的主要來源。Waters 主張說，基於「想像」這
一理想化的原理的利用，柯立基把他的詩學從單純的情感主
義及客觀主義釋放出來，如果沒有這條提昇性的原理，艾略
特的詩學祇是「表現情感的」（emotive）。

　　在那些接受「有我」或「無我」為艾略特詩學中主要觀
念的詮釋者之中，對其詩學採「異教式」的討論（假如我們
也借用一個艾略特自己的用語）仍然是流行的，這個主要觀
念對艾略特所有的，或一大部分的理論都是有關連的。首先，
艾略特的「有我」及「無我」的對立，是從「殊性」與「通
性」（particularity and universality）的對立衍生而來的。無
我這個名詞辯證法上有兩個解法：一好一壞。在好的一面，

無我是指在特性中有通性，在絕對中有多元性。一個詩人，
能「從濃稠而個人化的經驗中，表達出一般化的真理；同時
保留這個經驗的特殊性，使之成為一個普通的象徵」，那就
可以找到好的「無我」。在壞的一面，無我是指沒有特殊的
經驗的一般性（generality）。艾略特寫道：「普通的教育所
包含的大多是「無我」底意念的積貯，這些意念遮蓋了我們
真正的身份和感覺，我們真正的需要，及真能引起我們的興
趣的事物。」由是，在「無我」之名下，艾略特逐一讚美及
非難詩人及藝術家。他認為但丁及莎士比亞是真正的藝術家
及真正的詩人，因為他們成功地將「個人的煩惱轉化成無我
的及宇宙的東西」。（艾略特在「文學與現代世界」中主張：
「在最偉大的詩人裏……個人的熱情皆投入對客觀道德價值
的熱情信念中，並被用作追求公正及人類間有真意的生活。」）
同樣地，艾略特之讚揚梵樂希的 Le Serpent，是因為「像所
有梵樂希的詩，它是無我的，因為個人的情感，個人的經驗，
都被延展及投入於無我的事物裏。」另一方面，他認為
Lovelace，Suckling 及 Campion 的「無我」的抒情詩，祇是
「巧匠的作業」及「詩選中的小品」，「因為在這些詩中，
讀者無法感到殊性的存在，這殊性是要為普通的真理而提供
資料的。」艾略特說：「詩並不是情感的發洩，而是對情感
的逃避；它不是「我」的表露，而是要逃離這「我」。但，
當然，祇有那些「有我」的及有情感的，方知道逃離這些東
西的意義何在。」

　　通性中有特殊的問題，可以倒過來形成「有我無我」的
問題。如果好的無我是見於通性顯露於特殊的經驗中，好的

有我則在於普遍的真理個別地顯露出來。由於無我有陷入普遍性的危險，有我則可能陷於古怪性。真正的有我是在傳統的需求下對自由加以規限。在他的論文「白萊克」（Blake）裏，艾略特分別讚揚及譴責白萊克的「個人化」。白萊克具有詩所必需的「赤裸的視像」及「驚人的坦誠」，因為他具有一個「個人化」的觀點。但，在另一面，正因為白萊克的觀點在無我的傳統之下是「個人化」的、「赤裸的」、及「不能再變」的。他的詩便始終是「地域性的」、「不均稱的」，永不能成為「經典」。

　　因此，艾略特對詩中「無我」及「有我」的討論，是根據殊性與通性的對比及溶合的。也是在同樣的根據上，艾略特談及詩的民族性及國家性，國家性及國際性，及其他。有時他強調殊性的需要；另一些時候他強調通性的重要。〈傳統與個人才具〉一文提倡詩的「無我化」。但在 *T.S. Eliot in Concord* 中，Richard Crase 指出：『他寫出荒原「來摒除我底情感」，一件純然是個人化的行為，艾略特自己說。』最後，由於任何具有通性的如果不是像真理及意念之有通性，便是像事物或事實之有通性，這個類推（Analogy）是可以稍微調整一下的。無我的詩人可以透過特殊的象徵表達普遍的真理，他也可以記錄事實，而讓它們形成它們自己的意義及重要性。艾略特認為 Thomas Middleton 是一位偉大的詩人，因為 Middleton 是一位「偉大的記錄者」，「把存在於一個特殊的社會局勢的個別的靈魂」描繪下來。艾略特的結論是：「意象的象徵性可有不同的程度，一位詩人底心靈中可以有一套的意象整體地及自身俱足地出現，所以他唯一自覺的責

任是把這視象（Vision）記錄下來，而在寫作的過程中，他
毋須自己去奎掛着它的意義，他所關注的應該祇是整幅圖的
勻稱美。」在另一方面，有一類詩人「所關注的並不是視覺
的世界，而是痛苦的心靈中不停的問題及答案。」

在艾略特對詩的信仰問題的處理中，辯證法呈現某種錯
綜複雜性。在艾略特的批評中，信仰被目為藝術的材料，詩
人的觀點，及讀者的理解性。艾略特說：「（詩）不是用來
指出某種東西是真的，而是要製造那我們看起來更為真實的
真理；詩是美感底形體化的創造。」既然詩包括了意念的實
現化，任何對詩的討論，對那使意念實現化的技巧的探討當
比對被實現底內容的探討更為重要。

（譯者按：原文注腳多，今皆略去）

載《星座詩刊》第 13 期
（1969.6），頁 30-33。

《翡翠貓》的世界

　　藝術作品是經驗的形式化。作者的創造力也就是賦形式
於經驗的能力；也就是化生活爲一個輪廓鮮明的世界的能
力。就藝術而言，所謂「忠」於生活，至少，應該蘊涵有兩
種意義；一、作品必須是一個完整的世界：一個官能情感實
際上接觸得到的實體世界。二、這個世界是完整的，一方面
固然有賴於它的具體性，另一方面，也因爲它是實體世界經
過某一個角度折射出來的圖案。生活是混沌未分的經驗，藝
術則是分解生活，重新組合生活的過程。作者的「匠心」可
以見之於他觀察生活的角度，也可以見之於他將生活重新組
合爲藝術世界的能力。作品，這樣說來，是生活的建構，不
是生活的反映。同樣是十九世紀末葉的巴黎，在左拉的世界
裏，它是污穢、擾攘、動亂的；但是在亨利詹姆士的世界裏，
它是靜謐清新，或者可以說是仁厚的。

　　詹姆士的《德莫福夫人》年前由聶華苓女士譯成中文。
正如史本德（Stephen Spender）先生所說的，這是個「美麗
動人」的故事。

　　德莫福夫人沉默得寒冷的個性在她出場的時候便已經固
定了。自開篇至終局，她始終兀立如一。她幾乎和羅丹的雕
像一樣，是從大理石裏面湧出來的。雕像早已存在於石中，

雕刻家所做的，祇不過是鑿去一些偶然堆砌在像上的石屑。顯然地，德莫福夫人不是這個中篇的主角。這篇小說的情節（plot）也並非建立於她的個性上。郎莫爾思想情感的律動支配了本書的情緒節奏。郎莫爾對於德莫福夫人 —— 這尊冷得莊嚴的雕像 —— 的欣賞能力的發展纔是本書情節的樞紐。

　　如果我們說情節有三個因素：故事（action），性格（chavacta），思想（thought），而這三者之中，有時某一種比其他二種更爲基本，那麼，《德莫福夫人》的情節是思想型的情節（plot of thought）。當郎莫爾最後明白：「實際上，在他對德莫福夫人所懷着的那一份熾熱的情愛中，他現在所意識的祇有一種情緒 —— 那一種情緒，稱之爲敬畏，也不爲過分。」故事到此固然已達終局，情節也獲得了它應有的完整。在「論亨利‧詹姆士早期的作品」一文中，史本德先生說詹姆士風雅得庸俗：他居然將愛情寫得那樣冷冰冰，沒有一星情慾的火苗，沒有一分肉體的溫暖。和史本德先生一樣，郎莫爾曾經爲德莫福夫人森然的外表所困惑、所激惱。可是，郎莫爾究竟學會了欣賞這尊莊嚴的石像，漸漸明白世界上有無焰的烈火，而愛情和崇敬不是一對不可調協的矛盾名詞。郎莫爾沒有肯定地說過，這種北極式的愛情是惟一的愛情。事實上，這種愛情首先使他困惱迷惑，他最後所理解的是這種愛情的「可能性」。而，這種可能性在他自己身上獲得了證明。這種理解既無所謂「風雅」，也無所謂「庸俗」，這是一種心智的流動能力的恢復。祇有在心智保持着流動力的時候，人纔能夠親切地生活在一起，真正是一個「社會」動物。如果將「仁」字解釋爲「相人偶」，那麼，這種流動

的心智，也正是所謂「仁者之心」（social intelligence）。「德莫福夫人」所引起的不是激情也不是感傷，而是一種寧靜而堅定的愉悅。

聶華苓女士翻譯了《德莫福夫人》以後，又將她自己創作的十個短篇收集成一個集子——《翡翠貓》她將這十個故事全安置在中國的土地上，她這十個故事都帶着濃厚的中國風土味。其中「卑微的人」和「中根舅媽」兩個故事發生於華中地區的漢口。從時間上講，這兩個故事的背景是整個五十年來的中國歷史：早期中國知識分子的留日熱，北洋軍閥的興衰，抗日戰爭的犧牲，共產黨的崛起……這兩個故事的後面是一幅動亂、貧窮、顛沛流離的局面，是一幅價值紛爭的局面，是一幅新舊之間矛盾對立的局面。這幅佈景雖然沒有那樣赤裸裸地出現於其他八個故事，但是它的蹤跡仍是明顯的。甚至在〈再叫我一聲〉那麼充滿牧歌氣息的故事裏，我們也可以見到這個紛亂時代所留下的烙印：「他們都渴求一個快樂家庭。這就是生活嗎？他們不相信。他們等待着。他們將一切歸之於戰亂，歸之於命運。」〈高老太太的周末〉佈景簡潔如古典戲劇。故事始終逗留於家庭小客廳這個溫暖的〈聖林〉裏。但是，因爲〈聖林〉裏的人物一直從變亂的「時代」中攝取營養，在「聖林」裏，我們也聽見了時代變易，價值傾軋的聲音。

我不想用「現實的」「寫實的」這一類字來形容《翡翠貓》。拿這一類字來形容作品，往往容易招致兩種誤解：一、藝術作品是生活的翻版；有生活自然「便」有作品。二、作品翻印生活的時候必須謹慎地按照某一先驗的「現實」公式，

是「現實的」；不合，便是非「現實」的。也許，我們應該認背景爲作品建構的一個因素，也許我們應該從情節的特色去描寫作品。

　　《翡翠貓》是個短篇集。和其他短篇小說一樣，它的故事是經過高度壓縮的。故事開始的時候，人物便已面臨「考驗」（crisis）。故事也就是他們經歷考驗，解決問題的過程。「翡翠貓」裏面的人物所遭遇的「考驗」並非是關係個人或邦國生死絕續的危機，雖然，這些考驗具有某種程度的危機性。這些「考驗」最使我們感興趣的也許是它們的含蓄和會意（irony），會意的微笑有似諷刺，但絕非諷刺 —— 諷刺是從某一固定立場單刀直入地攻擊事物的荒謬。會意的微笑有時像自嘲，但自嘲是無可奈何的逃避。會意，（我們也許可以說），是對於經驗的兩面性（事物的複雜性和描寫方法的多重性）的一種理解。以〈高老太太的週末〉爲例，整個情節就是一串矛盾的對立和調和的構圖。她不是不明白舊式婚姻的荒唐之處 —— 新婚之夜，丈夫「又黑又矮，像一個罐子滾進來。」她也欣賞這段婚姻中浪漫的插曲，不禁柔情如水 —— 「在她腦中湧現出他的一言一笑，使她又回到了年輕的時候，不禁看了看她的兩隻手，枯瘦的，多皺紋的手。就是這雙手，曾被丈夫握着讚美道：『我就靠你這雙主貴的手發達起來！』但她卻掙脫了，拿起繡花小錢袋說：『別膩人了，三缺一，人家等着我。』」她對現在感到陌生與不習慣，但她也想：「慢慢來，慢慢會喜歡的。」她對周圍的人有所要求，但她漸漸明白要求的限度。被她罵爲「不通人情」的周老太太，結果反而成爲她的「上賓」〈高老太太的週末〉和

〈晚餐〉的效果是喜劇的；〈卑微的人〉和〈中根舅媽〉所引起的情感則是悲愴的。在後二篇裏，作者用了一些不可或缺的指標（index）來構成故事的 irony。在寫那個忠實的聽差張德三時，作者特別提起：「他對於權勢有着牲畜般的虔敬。」在寫那個給生活折磨得冷酷而固執的中根舅媽時，作者忘不了首先寫她的坦白和爽直：第一次見面時，就心直口快地叫芬子爲「塌鼻子」。這些散佈在篇幅中的指標，給情節增加了新的幅度；同時，也使故事免於感傷。

　　《翡翠貓》和《德莫福夫人》的背景和處理方法的不同是很顯然的。《德莫福夫人》的背景是貴族的巴黎近郊的明暗的景色，《翡翠貓》的後面離亂貧困的中國。《德莫福夫人》有較爲寬裕的篇幅從容處理郎莫爾思想上的成熟，「翡翠貓」裏的短篇往往不得不採用壓縮的技術。《德莫福夫人》的作者對故事中人物始終保持着「距離」，《翡翠貓》的作者對人物充滿了溫厚的同情。《德莫福夫人》是繁重的說明，「翡翠貓」是含蓄的會意。但是，這兩本書之間卻有一個重要的類似點：這兩本書的題材同是人的「社會性」（intimacy）。群獸獰獰爭食之所，不是「社會」，「社會」是文明人相處之處。《德莫福夫人》和「翡翠貓」同具了藝術作品應該具備的「匠心」。而這「匠心」，在兩本書中所建構的世界是一個爲 social intelligence 所支配的世界。

讀者投書

編輯先生：

剛才收到「海外論壇」二卷一期，讀到周策縱先生的「自由·容忍與抗議」一文，很感興趣。

胡適先生至今在許多人的心目中，猶是「打倒孔家店」的健將。但是，我覺得胡先生是最懂得孔子的「忠」「恕」之道，而又能身體力行的。

從道德上說，「忠」也就是保持個人人格形相的完整（Integrity）；「恕」也就是保持大我人格形相的完整（Inclusiveness）。從知識論上說，「忠」也就是對邏輯判斷的信托；「恕」也就是對多種假設前提的理解。爲了保持大我與知識的完整（Completeness），必須有「恕」；爲了保持個人人格的判斷與獨立（Integrity），必須有「忠」。容忍是「恕」的表現；抗議是「忠」的行爲。

胡先生畢生言行有兩個「輪子」：（一）勇敢，（二）謙和。謙和是他的「恕」的一方面；勇敢是他的「忠」的一方面。他在「自由中國」半月刊上所發表底「容忍與自由」一文是談「恕」道。周策縱先生提出「抗議」爲自由的另一隻「輪子」，介紹了「容忍與自由」一文所沒有強調的一面，這是很有意義的。

李經上　一九六一，一，廿四

載《海外論壇》，第二卷
第三期（1961.2），頁 15。

詩　歌

上圖：在西南聯大時期，曾參加遠征印緬軍，任翻
　　　譯官，與盟軍軍官合影（右起第二人）。

詩　　歌

詩三首

（一）半　途

所有的希望都已嘗試過，

看見過生命的曲折；走過。

灼熱的沙，荒涼的天，

最勸誘旅人的地圖也失去了雄辯。

綠色，春天，都已是字典裏僵死的詞彙，

甚至和回憶也切斷了聯繫；

它們偶然出現，僅像悖時的服裝，

出現在錯誤的時代。

好像有過信心，

路都有美滿的終點，

硬將一個終點的概念，

焊接在一片沒有歸宿的荒原；

希望？如荒漠裏烏鴉的呼喚，

連不詳的回音都沒有。

如果有一座
貧瘠的山
希望還可以寄託在山的另一邊
滿眼是沙堆起的安慰。

半途的旅人，
你從哪里來？

（二）十字架

是複雜的哲理最簡單的象徵，
是紛亂的生命第一次的寧靜。
在這裏，只有在這裏，
焦慮的眸子放下不眠的眼瞼：

神秘的黃昏，
宇宙摺成血污的十字 ——

聖者和罪人，真實和幻影，
神和獸
快樂和痛楚，
以及不可調協的矛盾，
通過流血的心，各自走向極端。

（三）希　望
　　—— 給艾略特

只有神能生活在無欲的睿智裏，
只有野獸才滿足於慾望的滿足；
人要希望，在希望裏獲得勇敢和進步。
希望是人的良心
渴求全知與全聖。
它點燃了爐滅的生命的火
在黑暗的現實的迷宮裏
尋覓失去的樂園。
你，蒼白的哲人啊，
顫抖地擁抱住永恆 ——
在那眩暈的一瞬，
你的希望爆裂成
熊熊的烈火；
於是，你說：
讓我們不要希望，
在無望的寧靜裏安於命運。
幫助我們，
假如，我們的記憶裏
沉重地負擔著失去的樂園；
假如，在黑暗裏無助地行走，
我們需要一盞明燈；
假如，在死亡的荒原上，
我們還固執地渴望希望的安慰。

歐遊雜詩二首

（一）威尼斯之夜【注】

酒是我的心意，
燈是我的情感 ——

這古老的城市裏，
提琴啼喚着睡去的帝國。
昔日的光榮閃爍如水面的燈火，
珠寶和繁華都已沉埋在時間的海底。
剩下褪色的畫舫，
滿載了酸辛的記憶，

酒是我的心意，
燈是我的情感 ——

迷幻的虹橋架起歷史，
彷徨於錯綜的河叉。
到處是過去，
到處是感傷，
連少女的歡歌，

也沉重如苔痕斑駁的宮墻。

酒是我的心意，
燈是我的情感 ——

是迦太基的運命在這裏重演？
當市儈用笙歌夸耀他們的權力和智慧，
當妖巫的符咒被尊崇為神奇的防線，
真理反被鄙視，唾棄，傴僂在一邊。
於是：府庫裏到處是胡騎的鼾息，
廟堂前羶腥的酒杯狼藉。

水與夢的故鄉；
在抑鬱的夜色裏，
我彷彿看見預言者微慍的目光，
迎接懷古的東方人的悲哀。

【注】：威尼斯（Venice）在中世末期是一個十分富庶
強大的自由城邦。因為迷信建築在金元上的武力，忽略了立
國的基本精神和道德價值，結果敗亡。威城河叉交錯，有「水
上都市」之稱。

（二）巴黎街頭的頓悟

當我年輕的時候，
生命是一團紅艷的烈火。

她，威脅，誘惑，美麗，
我，膽怯，勇敢，好奇。

當我年輕的時候，
生命是夏夜成熟的果園。
躺在她肥滿的胸膛裏，
閉起眼睛，我唱歌。

是我，受了希羅多德【注】的催眠？
是她，突然在時間裏癱瘓？
此刻，（白色手術單已經掀開），
我手中無情的解剖刀，
正指向她枯槁的骨盤。

【注】西洋醫學鼻祖。

載《自由中國》第十八卷
第一期（1958.1），頁36。

哀思錄
── 死生總負侯生約，欲滴椒漿淚滿襟

（一）

是同樣單調的鼓聲，

是同樣無可奈何的眼睛。

白日將死，黃昏的口中

寒暑表頹然下降。

血污的臉又塗上了偽善的條文，

一種罪惡終於化作兩種無恥。

他的愛在我的血液裡循環，

每一次心臟的搏動

爭着喚醒我新的痛楚。

在那不可知的終點

一切的時間流滙？

在那不可測的幽冥

一切的生命聚會？

而，此刻；只有，期待？

（二）

為他人洒盡淚珠的人，

沒有淚洒自己的運命。
何必懷着異代的悲傷，
你自己的已夠負載。

戀戀然，卻終於放下
建築華美樓臺的手；
剩一行一行雕上雛鳳的柱頭，
在失怙的山林裏永遠啼喚。

（三）

一切，一切都不過是一場
無線電裏的爭辯。
吳市的簫管已經上過電視臺，
和呵欠一同排遣半個禮拜天。

興盡的專家，聽說，已經點完
最後半柱煙；但，那隻
裝滿灰塵的腦袋，居然
重新又發現自己的優點。
廟堂裏多的是竊食的群鼠，
托缽僧仍固執着木魚。

（四）

寬容的大氅裏
容不下一把陰私的短匕。

潯陽樓頭的詩，

易水畔的酒和瑟，

早已交代給紅伶和名導演。

與時代同走索於

彷徨的河叉，

憂喜的是：

看熱鬧的萬家燈火。

而落日如血，新月如眉。

（五）

地球懸吊在半空，地球

在真空裏打滾。

恭謹的市民們每天

按時起床為了按時睡眠。

要扣緊那顆風紀扣，

出門時更忘不掉挺挺下領。

向天師購買保險的符咒，又

小心地將地球交託給神龜之背。

而，我們，此刻，已發現

自己的磁場。

高空的星辰組成燦爛的行列，

在互信和自信的軌道裏默默運轉。

載《自由中國》第二十二卷

第六期（1960.3），頁 198。

哀　思

（一）
　　用今日的法衣抹拭隔宵的匕首，
　　一種罪惡終於化作兩種無恥。

（二）
　　為他人灑盡淚珠的人，
　　沒有淚流自己的
　　是同樣單調的鼓聲，
　　是同樣無可奈何的眼睛。
　　白日將死，黃昏的口中
　　寒暑表頹然下降。

　　運命。
　　何必再擁抱異代的憂傷，
　　你自己的已夠負載。

　　戀戀然 —— 卻終於放下
　　建築華美樓台的雙手；
　　剩一行一行雕上雛鳳的柱頭，

在失怙的山林裏永遠啼喚。

（三）
一切一切都不過是一場
無線電裏的爭辯。
吳市的簫管已經上過電視台，
和 God Bless You 一同排遣半個禮拜天。

興盡的專家，聽說，已經抽完
最後一斗煙；但，那隻
充滿灰塵的腦袋，居然又
火辣辣地重新發現自己的優點。

廟堂裏多的是竊食的鼠群，
托缽僧仍固執着木魚。

（四）
寬容的大氅裏容不下
一柄陰私的短匕；而
潯陽樓頭湛然自滿的碧綠酒，，
與夫易水畔蕭蕭的高氏之瑟，
俱早已交代給紅伶與名導演。
與時代同走索於彷徨的河叉，
憂喜的是看熱鬧的萬家燈火。

今夜，春的神經末梢延展到

這從未敏感過的江邊 ——

潮水沒有半聲喟息，

捲載起你的大氅而東下……

（五）

如果暴力既是真理，是非

當然是不必要的累贅，

汩沒是非也就是溺殺正義。

因為：在正與反，是與非反覆矛盾

和選擇之中正義露頂。

如果一切臣服於權力，

權利臣服於意志，

意志臣服於私慾，

私慾：這浪跡宇宙之野狼，

既得權力與意志的雙重提掖，

勢必撲擊全宇宙，

而終於力竭而倒斃，以

不周山的化石堆造自己神奇的墓碑。

（六）

他的愛在我的血液裏循環，

每一次心臟的搏動爭着

喚醒我新的痛楚。

在那不可知的終點

一切的時間流滙？

在那不可測的幽冥，

一切的生命聚會？

而，此刻，只有：無可奈何的期待？

禮拜堂又響起喋喋的晚鐘，

普施着毫無邊際的博愛

予受洗的靈魂。

我們撫摩足下，三千哩外故國帶來的塵土，

作十年嘗膽之期待。而，

長夜逐漸增加密度；不眠的電腦

慎密計算地球的磁場；哀悼的列車

挽着長程飛彈，礫礫於超級公路。

載《海外論壇》第二卷第七、八期

（1961.8），頁 10-11。

詩兩首

（一）美國行

總統號，黎明前，通過金門大橋，
萬盞繁華的燈火
歡迎一船遠渡重洋而來的心。
還鄉的開始查看更動了電話和地址，
異國訪客忙着溫習旅行指南。

漸行靠近的海岸，一步一步地
翻譯地圖上的描繪，以及
百科全書上的記載。
整齊的鉛字忽然開始像人群般嘈雜，
抽象的線條乃變成高架鐵道半空的側背

早晨的太陽掀開海霧，
與一堆待解答的問題。
碼頭上，龐大的起重機
沉着地伸出幾何圖形的手，
有禮貌地提取行李。

（二）自由島上望紐約市

肩負這樣重任的

竟是一座小島；

摩天大樓挺起腰肢，

短袖旗袍般賣弄風騷。

咬着大煙囪，

豪華巨輪匆匆來去；

港口外，孤立的女神像

高舉着銅鑄的火炬。

【注】紐約市區在曼哈登島「Manhattan」。自由島即
Bedlose 島，在紐約灣內。上面有著名的自由神像。北望可見
曼哈登島上的摩天樓以及東江開出的遠洋巨輪。

載《自由中國》第二十卷

第一期（1959.1），頁 32。

午後的訪客

他們固執地爭鬧，
從事於一場玩具爭奪戰。
一個略帶歉意的微笑，
草草地結束了母親的警告。

主人的侷促，並沒有
引起客人的不安。因為，
一股力量已經將他推入另一世界：
他像一道無聲的流質，
默默地向前行進。
被喚醒的感覺，開始接受
四面八方的突擊，
用同樣的驚喜，擁抱
同樣如流質般的事件。

這樣平凡的是第一次聚會，
白晝的陽光般平淡無奇；
暗夜裏，他，才驚於白日的神秘。
他的喜悅幾乎是膽怯，當他期待。──

將驚和喜一次又一次地編入
習慣性的日夜的運轉。
她，如昆明城頭的太陽，
在她嬌弱的腳步走過處，終年，
不自覺地散佈着溫暖和春意。

一切都在最平凡的平凡裏進行：
她，幾乎例行地出現，
出現在那遙遠不可攀及的高空；
他，不斷地仰瞻。

第二次聚會是那樣短暫的一瞬。
在那鎂光般的，虛幻的一閃中，
她掠過他的目前，在嘉陵江邊。——
假如這樣的一瞬也是聚會。
雖然遠方的星座久已隕落，
地球上，人的眼睛裏，
它仍保留着當日的光輝。

是的，這是主人的眼睛；
在她充滿歉意的微笑裏，
他，接過茶杯：
「波斯頓的秋郊這樣絢爛美麗，
我幾乎迷失在那邊的楓林裏。」
孩子們仍舊固執地爭鬧；

但是主人的侷促，並沒有
引起客人的不安。

載《文學雜誌》第四卷第三期
（1958.5），頁 34-35。

聯合國

—— 聯合國本部設立在紐約市區。是一座現代化的長方
形建築物。終年開放，供人參觀。聯合國美籍職員享有豁免
所得稅的特權。

　　過去的沒有過去，未來
　　已經無聲地到來。就在
　　這過去和未來的會合點，
　　現在，迎接過去的暗示，
　　開啟未來的可能；現在
　　是時間對於經歷的熱愛，
　　在自覺裏尋求秩序和圖案。

　　鋼柱、銀燭、大紅氈 ——
　　昏花的古鏡前，蕩漾着
　　斑白的權力和智慧。
　　三會諸侯的雄主久已歸於
　　黃土。封塵的史冊裏，
　　持節的使臣仍繼續
　　他們足智多謀的私語。
　　只為遺忘了一條簡單的真理，

白領高冠的紳士，徒然攜入
滿皮包的雄辯。
張開和平的黑傘，
戰爭鳴砲禮葬國聯。

當我們濶步入這巍巍的高堂，
腳跟後可拖着多少牽累？
（那邊，金髮的打字員，
還在精明強悍地計算，
今年優待豁免的所得稅。）
距離終於日夜加速度地縮短，
雷達眼，獵犬般，四出察看：
如果，過去真的已經過去，
如果，未來永遠不會到來，
那麼，奢望和懷戀都有了依據；
而，那些渺茫的日子豈不令人膽怯心悸？
追悔也勢將植根於
每一個不可補救的錯誤。
但是，過去，並沒有過去，
未來，也已經無聲地到來，
現在是過去和未來的交織，
暗示與可能化成一片圖案。

希臘古廟前，陳列着
成行的多利安石柱；

峨特式宮堡的廻廊，有
斑駁的帶劍的侯主。
這裏淺草拱高樓；
愉快的電梯引着我們升降，
多禮貌的是：穿制服的導遊。

載《自由中國》第十九卷
第十期（1958.11），頁322。

血污的黃昏

── 生死總負侯生約，欲滴椒漿淚滿襟

（一）

是同樣單調的鼓聲，

是同樣無可奈何的眼睛。

白日將死，黃昏的口中

寒暑表頹然下降。

用今日的法衣抹拭隔宵的匕首，

一種罪惡終於化作兩種無恥。

（二）

為他人灑盡淚珠的人，

沒有淚流自己的運命。

何必再擁抱異代的憂傷，

你自己的已夠負載。

戀戀然 ── 卻終於放下

建築華美樓台的雙手；

剩一行一行雕上雛鳳的柱頭，

在失怙的山林裏永遠啼喚。

（三）

一切一切都不過是一場
無線電裏的爭辯。
吳市的簫管已經上過電視台，
和呵欠一同排遣半個禮拜天。

興盡的專家，聽說，已抽完
最後一斗煙；但，那隻
充滿灰塵的腦袋，居然又
火辣辣地重新發現自己的優點。

廟堂裏多的是竊食的鼠群，
托缽僧仍固執着木魚。

（四）

寬容的大氅裏容不下
一柄陰私的短匕；而
潯陽樓頭湛然自滿的碧綠酒，，
與夫易水畔蕭蕭的高氏之瑟，
俱早已交代給紅伶與名導演。
與時代同走索於彷徨的河叉，
萬家燈火點亮他心頭的憂喜。

（五）

如果暴力既是真理，是非
當然是不必要的累贅，
暴力臣服於意志，
意志臣服於私慾，
私慾：這浪跡宇宙之野狼，
既得權力與意志的雙重提攜，
勢必撲擊全宇宙，
而終於力竭而倒斃，以
不用山的化石
堆造自己神奇的墓碑。

（六）

他的愛在我的血液裏循環，
每一次心臟的搏動爭着
喚醒我新的痛楚。
在那不可測的幽冥，
一切的生命聚會？
在那不可知的終點，
號角才三奏：
最後的審判？
而，此刻，只有：
陪伴着血污的黃昏，
作無可奈何的期待？

禮拜堂又響起喋喋的晚鐘，
普施博愛予受洗的靈魂。
長夜逐漸增加密度；不眠的電腦
慎密計算地球的磁場；哀悼的列車
挽着長程飛彈，礫礫於超級公路。

載《幼獅文藝》第二二三期
（1972.7），頁 82-158。

倫敦市上訪艾略忒

── 歐游雜詩之三

給我的，我已衷心領受；
沒有給我的，我更誠意地追求。
四通八達的街道，人影紛紛擾擾。
穿過半個地球，我來此
作片刻的勾留。

他清瘦的臉蒼白如殉道的先知，
他微弓的背馱着智慧，
他從容得變成遲滯的言辭，
還帶着濃厚的波斯頓土味，
他的沉默是交響樂的突然中輟，
負載着奔騰的前奏和尾聲 ──
他的沉默是思想的化身，
他的聲音是過去和未來的合滙。

羅素廣場外，高低的建筑物
真是不負責任的儀仗隊。
它們終日低頭構思，
艱難地企圖表示

那難以表示的情意，
忘却了歡迎異客應有的手勢和姿態。

沒有姱飾的大城，
素樸的是它的心。
他默默地注視，看
人在濃霧裏摸索——
有時，沉迷於無知的烈酒，
英俊得可憐；
有時，懷疑毀壞了自信，
熊熊烈火後的死灰。
僅在那些晴明的午後，
溫熙的陽光普照於玫瑰園，
永恒的圖案，豁然呈現。

要啟示的，其實，
都已經啟示過。
啟示過的，那一天，
又，充滿驚訝，
以奇蹟的姿態出現？
每一回的祝福，
（巨匠也低頭沉吟）
只留下支離破碎的詩篇，
輾轉於艱深晦澀的語言。

載《文學雜誌》第四卷第六期
（1958.8），頁 15-16。

舞蛇者

夏日的蕭條裏我走上十字街頭：
玩具箱一片空寂；
希臘女神以斷臂的痛楚
褪除想像庸俗之下裳。
一聲長笛，長夏重新恢復
年青。你從熱帶的濁流
汲取音譜；隨著她
斑斕的胴體，我蜿蜒於
叢莽的邊際，迎受
黏濕而厚重的溫暖。
曾經在好萊塢
人造火旁取過暖，
聽銅幣的小雨點
敲打塑膠明星的微笑，
我的情感干癟如牛仔的小褲腳管；
而這龐大而沈重的神秘
來自深鬱的林莽。
「允許我罷，」她那麼迫切地
哀求：「允許我軟軟的紅絨鞋

無情地舞蹈於你久病的心房。」

音樂的中心，深夜的渦旋
結聚於這藤蘿交織的
一瞬，讓蔓生的潤葉植物
紛擾於大地古遠的本能。
她出入於這一片迷宮，
自如而優悠，永遠
奉獻受擁抱的姿態，
卻隨時準備以她
柔弱的胴體，作
毫無保留的糾纏。
我們的頂上沒有星光，
那些簡陋而虛偽的陳設，
久已被遺忘。沈沈的枝葉
在魔笛的盛筵前，袒陳
牠們豐厚的慾望。

時間所縱容的又為時間所收回。
一切一切都在你漸暖的呼吸下
消失，你舞蹈的手指已固息於
邦加里長笛的風洞之前。
當她低垂下沒有睫毛的眼臉，
重邁入原始市集之中心，我已
擺脫了宮內黑暗的安全，

舒展盤縮的雙腿，作

病院裏第二度的誕生。

載《幼獅文藝》第二二三期

（1972.7），頁 82-158。

鐘與寺

（一）無鐘之寺

空　紅牆　林之冬
木魚　吞滅　頭陀

風　蕭寺　林之冬
靈山　相思　貝葉

鐘　頹樓　林之冬
如來　無言　合十

沒有鐘　沒有鐘
雪　崩
僧房裏行乞者烤　火
廟殿都已上了銹　鎖

（二）無寺之鐘

咚咚咚，鐘鐘鐘，
西班牙的牛仔套上乾癟的小褲管
揮舞鬥牛的大紅氈。

咚咚咚，鐘鐘鐘，
紳士長尾的禮服剪開黑夜，
撞擊被誘惑之香檳杯。

咚咚咚，鐘鐘鐘，
華爾街計算機的急雨
叩打金髮女經紀的多心諾爾。

過剩的鐘，過剩的摩天樓，過剩的禮拜堂。
所羅門王死得像歷史教科書般僵直。
那個瘦削而略微猥瑣的東方人
（好像教過書的，）
躲在那邊募捐。
他們都在說：
他，僅要一座鐘樓，安置自己
手裏千鈞的巨鐘。

（三）鐘的誘惑

在有水與無水之間，在有鐘與無鐘之間，
井壁的苔痕遂有若有若無之困難。

沙漠也有過井，還曾經是海。
史前魚的病白眼總朝向天，雖然，
灼熱的銅盤，黝黑的木盤，

半透明的磨砂玻璃盤，
都智慧地保持過緘默。

但魚的化石上記載着音波，
但考古學家鄭重的否認過，
但誰參透過思維的層積期，
我？

載《匯流》第三期（1968）。

葉荻柏斯的山道
（第五曲：雞唱之前）

卿雲爛兮，

糺縵縵兮，

日月光華，

旦復旦兮。

是誰？在這雞唱之前

彳亍於華山的危岩之邊？

瞽者葉荻柏斯正酣眠於茅簷之下，

長安市郊沒有阿房宮，鴻門近來也少宴會，

灞陵橋下，宮柳瞧不見自己的嬌姿。

是誰行走於雞唱之前，在這

北國風沙之晨？

那個背着包袱的影子，

不是回來，也不是歸去，

沒有離別的驚，沒有凱旋的喜。

（大雁塔前，去來之間有十六年距離。）

他在輪迴上轉過劫：

背着八卦的黃布包袱，

在泗水畔進午餐，

在雅典和亞里斯多德攀談，

有人看見他抱住頭

坐在巴勒斯坦那座着名的山沿，

有人拍過他的肩膀，

有人刺過他的心房。

（他至少死過兩次，

但沒有從地獄帶回驚人的消息。）

那種赤腳行走於風沙裏的姿勢，

未免令人懷疑。

（佛樂依德啊，據說那個六耳獼猴

不是花菓山的舊主人。）

卿雲爛兮，

是雞唱的時辰了，

但在雞唱之前，（他好像說過，）

你們都要否認我三次。

載《幼獅文藝》第一九四期

（1970.2），頁 99-107。

足　　跡
── 敬悼 R.S. Crane 師

他的名字寫於火中，
以燈蕊的虔誠焚毀自己。

天使是命定的走索者，
在視線上小心印下足跡。
此刻，燈已褪下它的衣裳，
不安的夜晚，
貓頭鷹們紛紛
為彼此加冕。

載《噴泉》第八期（1971.5）。

附　錄

上圖：1969 年盧飛白教授（右二）客座威大期間與淡瑩、
王潤華、鍾玲在校園野餐留影。

　　本輯文章與資料選自「盧飛白教授紀念輯」刊登於《幼
獅文藝》第 223 期（1972 年 7 月），頁 80-158。感謝瘂弦與
《幼獅文藝》。這個特輯顯示瘂弦擔任文藝編輯的人文典範，
當時他與盧飛白並未見過面，只是通過周策縱、劉紹銘與王
潤華等知道盧飛白教授的成就，當時世界華人學者作家知道
的很少，在匆忙中能出版這個特輯，令人懷念昨日的人文關
懷，感嘆默默寫作的作家在今天被功利的忽視。

編者　王潤華誌

附　　　錄

盧飛白（李經）先生的
文學觀及批評理論

王　潤　華

一、引　言

　　當「芝加哥批評家」（Chicago School of Crisis）的老大哥 R.S. Crane 去世時，李經先生（盧飛白博士）曾寫了下面這首短詩哀悼他：

足　跡
　　—— 敬悼 R.S. Crane 師
　　他的名字寫於火中，
　　以燈蕊的虔誠焚毀自己。

　　天使是命定的走索者，
　　在視線上小心印下足跡。

此刻，燈已褪下它的衣裳，

不安的夜晚，

貓頭鷹們紛紛

為彼此加冕。[1]

　　兩年後，李經先生竟不幸也病逝了。把這首詩誦讀再三，我愈覺得以這首詩來哀悼他自己，卻無比的恰當。李經先生就是這樣的一個人 —— 喜歡將自己的名字寫於火中，甚至焚毀自己，不輕易讓別人找到他。像苦練成功的走索者，他輕輕、急促的走過細小的鐵纜，便躲在戲臺上黑色的大銀幕後面休息。經常出現在我們面前的人，卻是那群整天嬉皮笑臉，一無所長，只會翻筋斗，裝模作樣的小丑們！

　　在不安定的夜裏，當貓頭鷹們紛紛為彼此加冕，我獨自在寒冷的冬夜裏，借着雪的光亮，去尋找李經先生的「足跡」。

　　唉，人生就是一場戲，小丑還在，可是我怎樣在細細的鐵纜上辨認你的足跡，天使 —— 命定的走索者？經過兩個月的摸索，在七種臺北和美國出版的中文刊物裏[2]，我搜集到三十八篇均以李經為筆名發表的中文作品，其中論文十三篇，詩二十五首。這些作品，每一篇都是李經先生在我們視線上小心印下的足跡。其中特別是這六篇屬於文藝批評範圍的作

---

1 這首詩原本是我向李經先生拉到的一篇稿，準備給「星座詩刊」發表的。後來因刊物暫停，我便交給臺北出版的「噴泉」出版（見第八期，一九七一年五月）。一九七一年三月廿二日李經先生給我的信中說：「那首詩壞得不堪，還是不付印為妙（我最近已將它重寫一遍）」。我沒機會拜讀到修正稿，因此這裏還是引用原詩。

2 這七種刊物是：《自由中國》、《文學雜誌》、《海外論壇》、《幼獅文藝》、《星座詩季刊》、《滙流》及《噴泉》。

品──（一）〈文學批評中的美〉；（二）〈詩與詩人〉；
（三）〈從文藝的應用性談文藝政策〉；（四）〈感性的自
覺〉；（五）〈文藝政策的兩重涵義〉；（六）〈戴五星帽
的文學批評〉，在近二十多年來舉目野草的中國新文學批評
的田園中，無疑是巨人留下的足印。[3]

　　十三篇論文都是在一九五〇至一九六〇之間寫的。尤其
是上述六篇，它的重要性不但在於它所提出關於中國新文學
批評理論的真知灼見，更重要的，是因為這一系列論文有其
系統性，篇篇有互相關連的關係。很顯然的，李經先生曾對
中國自由土壤上的新文學有過極大的希望。單從上述六篇論
文就告訴了我們，作為一個批評家的他，曾把他作為一個批
評家的責任、立場、批評方法和理論，以及批評最後的目標，
已很有條理、有系統性的建立起來。

　　正如鍾鼎文先生在他悼李經先生的〈天涯哭此時〉（見
《中央副刊》，六一年四月二十五日）一文中所指出，李經
先生在英美文學中造詣高深，而且是極少數專攻英美文學，
而且教授英美文學的留美中國學人。李經先生在他的學術研
究中，對文學批評特感興趣，他研究批評家對 T.S.艾略特的
批評以及艾略特的批評方法的成就便是最具體的例證。李經
先生出身芝加哥大學英文系博士，是名批評家 R.S. Crane,

---

3 這六篇都是發表在《自由中國》，其發表期數與日期照原文秩序
　註明於下：（一）第八卷六期，1953 年 3 月 16 日，25-27 頁；（二）
　第九卷六期，1953 年 9 月，27-28 頁；（三）第十卷三期，1954
　年 2 月 1 日，25-26 頁；（四）第八卷十二期，1957 年，23-24，
　及 29 頁；（五）第二十卷十期，1958 年，16-17 頁；（六）第十
　四卷四期，1956 年，23-24 頁。

Elder Olson 和 Norman Maclean 的高足。在美國批評界，李
經先生也被列爲所謂「芝加哥」批評家的成員之一。[4]

　　我下面分析李經先生的文學批評體系裏，根據資料只限
於我所搜集到的 —— 上述的中文論文。我沒有把李經先生論
英美批評的英文著作，或他和美國芝加哥派批評家的理論系
統也拉進來。我所以這樣孤立地分析他的文學觀及批評理
論，是因爲想要知道李經先生對近二十多年的中國新文學立
下些什麼理論，他如何指導我們走應走的方向，和應有的努
力，同時也可以供給一些事實，以便判定一下李經先生作爲
中國新文學批評家，所給我們的貢獻及其地位。

二、文學批評家愛的責任

　　文學批評家的主要責任是什麼？作爲文學批評家的李經
先生的答覆簡單、扼要、且肯定：「批評家的責任是雙重的，
他幫助詩人創作，他也幫助讀者瞭解，欣賞優秀的詩人。」
（〈詩與詩人〉）在李經的文學批評理論體系中，批評家和
作家是志同道合，最親密的朋友。批評家和偉大作家或作品
的出現，往往息息相關。譬如他說，批評家和詩人的關係是
這樣的：「凡是企圖指點詩人，鼓勵詩人，幫助詩人尋覓素
材的批評家都是值得我們讚揚的，他們的努力是建立新詩傳
統不可或缺的基石。」（〈詩與詩人〉）

　　批評家的努力爲什麼是建立新詩傳統不可或缺的基石？

---

4 李經先生自己也承認，參見其英文著作 Fei-pai Lu, *T.S. Eliot: The
Dialectical Structure of His Theory of Poetry*（ University of
Chicago Press, 1966）的序文......My intellectual obligations to the

在〈感性的自覺〉裏，李經先生便從文學史裏探討批評如何
「幫助詩人創作」，如何協助時代產生大詩人和詩篇。李經
先生以他研究英國文學史的透徹的學識，指出像一些大作家
如莎士比亞，蒲柏（Alexander Pope）和濟慈，他們的天才固
然不容否認，但他們的成就卻以時機的成熟為條件。歷史很
清楚的告訴我們，在上述三人的時代之前，都有過一段詩人
與批評家高度自覺地研討文學的方向，錘鍊新的形式，要不
然也許上述三人也會像臺灣目前許多有才華的詩人一樣，把
天才「浪擲在彷徨摸索之中」。因此李經先生得到下面的結
論：

> 我們無法製造天才，可是我們卻能夠製造一些有利於
> 天才的條件和情勢。英國文學史上的事實使我在回顧
> 中國傳統詩歌發展時得到不少啟示。漢魏古詩，唐的
> 律絕，宋詞元曲的發生和成熟 —— 每一次文學史上的
> 大變動都有他的準備醞釀時期。偉大詩篇的產生是詩
> 人和批評家努力的終極目標……
> …………
> 偉大詩人什麼時候出現不是我們所能夠預言的，但是
> 偉大詩人出現的條件卻是可以分析的。文學轉變時期
> 也是感性高度自覺時間，藝術磨練、形式鍛造時期。
> 也許當批評家的「意」（ideas）和詩人的「見」（vision）
> 各方接觸之下，漸漸地調和起來時，詩才具備了一些
> 有利的條件。（〈感性的自覺〉）

"Chicago School" of critics are beyond acknowledgment……

　　作爲批評家的李經的第二項責任是：「幫助讀者瞭解，
欣賞優秀的詩人」。〈詩與詩人〉便是借分析詩人和詩人生活
的關係，「幫助讀者瞭解詩的道路之一。」李經先生在這篇論
文裏說：「詩人更不是生活在真空裏的，詩人的生活態度生活
環境無疑地是詩的必須條件。」可是他指出：「思想」和「意
識」不足以決定詩的價值（Poetic excellence），「只有以詩的
感染力與說服力作爲分析詩的起點，我們才可以更精密的來
衡量『詩』的價值。」要不然在詩以外去尋求詩的範疇，則
必陷入機械的定命論的批評。其他兩篇書評〈《翡翠貓》的世
界〉（《文學雜誌》，八卷四期，1960 年 6 月，65-67 頁）和
〈介紹《埋沙集》〉（《海外論壇》，1961 年 12 月，第二卷第
十二期，11 頁。）便是屬於第二責任而完成的作品。李經先
生對臺灣新詩人最爲注意和鼓勵，像在〈介紹《埋沙集》裏
便指出瘂弦、覃子豪、余光中曾給新詩帶來光彩。後來讀到
女詩人淡瑩的詩集《千萬遍陽關》和《單人道》也嘆爲「後
生可畏。」

三、文學觀

　　一個批評家的批評方法和理論往往以他對文學作品的諸
元的認識作爲指導原則。因此在還沒有去探討李經先生要建
立的文學批評傳統以前，有歸納出他對文學作品的定義及作
品中諸元的界說的必要。

（一）作家、作品、生活

　　李經先生認爲「我們的文藝作品應該不是案頭的瓶供，

而是一棵在人性的肥沃、深厚的土壤裏結了根的橡樹。」（〈從
文藝的應用性談文藝政策〉）同樣的，一個好作家不是生活
在象牙塔裏，整天做夢的人，我前面已引述過這句話：「詩
人更不是生活在真空裏的，詩人的生活態度生活環境無疑地
是詩的必須條件。」

　　李經先生所謂「作品不是案頭的瓶供」不單是指文藝作
品不該淪爲「宣傳某一切身政治目標的工具」（〈從文藝的
應用性……〉），也應該是指無聊文人的無病呻吟的發洩器。
因爲他在「詩與詩人」的第一段中講得很清楚，詩人和他的
生活環境、種族、時代、價值觀念等有着不可分割的聯繫。
更重要的，他認爲作家的作品應該化成時代的聲音，不是非
常個人、別人看不明白、不能引起共鳴的聲音。他說：

> 如採珠者必須潛入海水中探採珍珠，詩人必須向生活
> 中尋求詩，在體驗，觀照，感應中尋求他所處身的時
> 代的典型情感，將自己化成時代的聲音，使讀者們在
> 這些典型情感的表現裏發現他們自己的悲苦與喜悅。
> （〈詩與詩人〉）

　　李經先生雖然肯定作家必須向生活尋求作品，但是像上
面已引申過，生活、思想、意識都不足以決定詩的價值。他
的理論是：「文藝作品綜合實際生活經驗中的種種，使他們
成爲一個具有感召力的綜合體。經過了這個綜合過程，文藝
不再等於生活，而具備了它自己存在的法則和規律。」（〈從
文藝的應用性……〉）在〈《翡翠貓》的世界〉的第一段裏，
李經先生把生活進化到藝術作品的程序說得更詳細，當然他
是特別針對小說和生活的關係而說的。他說：

> 藝術作品是經驗的形式化。作者的創造力也就是賦形
> 式於經驗的能力；也就是化生活為一個輪廓鮮明的世
> 界的能力。就藝術而言，所謂「忠」於生活，至少，
> 應該蘊涵有兩種意義；一、作品必須是一個完整的世
> 界：一個官能情感實際上接觸得到的實體世界。二、
> 這個世界是完整的，一方面固然有賴於它的具體
> 性……生活是混沌未分的經驗，藝術則是分解生活，
> 重新組合生活的過程。

所以他總結說：

> 作者的「匠心」可以見之於他觀察生活的角度，也可
> 以見之於他將生活重新組合為藝術世界的能力。作
> 品，這樣說來，是生活的建構，不是生活的反映。

（二）情感與思想

　　李經先生說：「文藝作品綜合實際生活經驗中的種種，
使他們成為一個具有感召力的綜合體。」什麼是最重要的元
素使文藝作品會產生「感召力」？很顯然的，是上面所引述
的所謂作者「所處身的時代的典型情感」。在這些「典型的
情感」裏，會使讀者發現「他們自己的悲苦與喜悅」。因此
任何生花妙筆，或最符合美學的文字都遠比不上感情這元素
重要。在〈文學批評中的美〉一文中，他以詩為例子說：

> 詩是一幅高度複雜的情感的構圖，以相反相成，對比
> 評星等等多種方式將部分的情感力綜合成全面的力量
> （final or over-all effect），成為一個有力的組織
> （Structure），作為這複雜的組織的一個原素，作為

一種表現的工具，文字的功能在於充分地雕塑這些情
感，使它最完整，最明晰的出現。脫離了這情感，文
字也就失去它的力量的憑藉，與指導的原則。

接下去讓我們看看他怎樣分析作品激動情感的程序的問
題。李經先生認為文藝作品；

為了獲得某種特定的情感反應，為了使讀者有所愛有
所憎，作品必須建立起一個不容含混的「行為標準」
或「價值觀念」。作品所包含的「行為標準」也就是
流行報章雜誌上所謂作品所宣示的「真理」「思想」
「哲學」。只有在這「標準」或「思想」已經被明確
地建立起來，有機地綜合入作品所代表的具體經驗
中，而又被讀者所接受時，作品才能從心所欲地操縱
讀者的情緒。在作品裏，「思想」或「標準」是創造
某種預期的情感的工具。反過來說，作品非但暗示某
一「思想」，而且有力地通經情感經驗宣傳這一「思
想」，進而影響讀者的情緒狀態，人生態度，左右社
會的輿情。（〈從文藝的應用性……〉）

因此李經先生的結論是「文藝藉情感的共鳴而施展它的
說服力。」（〈從文藝的應用性〉）或者說「一個文學作品
存在的最後依據是它激動情感或喚起情感共鳴的力量
（emotional power）。」（〈文學批評中的美」〉）因此「喚
起情感共鳴的力量」是文藝的價值，所以他說：「剝奪了作
品激動情感的能力也就是剝奪了它的文藝價值。（同上）

（三）文藝的應用性與人的文學

　　作家必須向生活中尋求作品，在體驗、觀照、感應中尋求他所處身的時代的典型情感，作品中要建立不容含混的「思想」，以便激起讀者的共鳴，文藝的價值則在作品激動情感的能力：根據這些基點出發，李經先生自然肯定文藝有其應用性。

　　文藝作品因為具有強大的感召力，因此它可以有力地通過情感宣傳多樣性的「思想」，進而影響讀者的情緒反應，人生態度，左右社會輿情。退而廣之，文藝「非但可以擔負起當前的歷史任務，而且也將成為我們新的文化傳統最有力的因子之一。」（「從文藝的應用性」）因為文藝的目的是擴大自我（depersonalization）和解脫（catharsis），或者更簡單的說是「從多方面去激發人性中最基本的力量，從多方面去激發人內心的創造力」，因此文藝作品的目的也就是解除人類心靈的「偏」和「蔽」，使人「心智保持清明（sanity），使感性保持活潑的警覺。」（「文藝政策的兩重涵義」）

　　上面所以特別強調「多樣性的『思想』」和「多方面去激發」是有重大的含意的。李經先生認為，正因為文藝有其應用性，因此它往往被人們用來宣傳某一政治目標。文藝一旦從人性深厚的基礎連根拔起，專為某一從人生全面價值割開的「標準」或「思想」而宣傳，它非但沒有達成「擴大自我」的目的或完成「解脫」的作用，反而毀滅了文藝的目的。因為以政治的原則為文學的原則，使人「狹、偏、蔽、陋」，「結果勢將使感性簡陋化，終致心靈喪失清明。」（〈文藝政策的兩重涵義〉）在〈戴五星帽的文學批評〉裏，李經先生批判了毛澤東的「文藝理論」，指出它只不過是實現個人

政治目標的工具，所謂「新現實主義」，事實上是反現實性，是一股「歷史的逆流」。他特別指出，文學在中共是可怕的，它「簡陋化再簡陋化了感性」，企圖摧毀人性的尊嚴。再三重讀這篇簡短但比我讀過的許多所謂研究毛共文學的學者專家的論文都富有真知灼見的文章，使我想起李經先生於一九六八年在威斯康辛大學中文系及比較文學系時發生的一件事情。當時他接受了幾位念中文系的美國學生作個別講授中國新文學的「自修」課。有一次他和兩位激進的學生因中共的文學政策而爭論。我當時沒有跟他談起這件事情，不過聽說他因為那兩個學生「偏陋」而強辯，結果不易動火氣的他竟不客氣的將那兩個學生辭退了（或者是他們自退的）。不管真象怎樣，我們可以知道，李經先生對他的這點理論始終深信着，而且保衛着它。

正因為文藝可以擔負當前的歷史任務，可以成為新文化傳統的重要因子，李經先生在〈我們為什麼要大學〉一文裏，特別指出過分重視「理工教育」和完全鄙視人文價值所帶來的社會危機。他說：「心靈機械化簡陋化，對事物失去冷靜辨認的能力，人的行為自然而然地為情感衝動所操縱支配。」

為了達到文藝的目的，因此我們應該向人性最基本處尋求作品的「基準」，換句話說，「作品的『思想』『基準』能夠被延展到足以包容人生的全面價值。」（〈從人性的應用性……〉）回顧中國新文學的過去，李經先生認為最好的作品是「『人的文學』，以人性的尊嚴為它的『基準』的文學。」可是因為共黨統治大陸後文藝已死亡，因此，李經先生把整個中國新文學的希望寄托於臺灣：「共產黨徒在大陸

正血腥地摧殘人的尊嚴，人的文學。在這一片自由的土地上，我們該有勇氣接受四十年來人的文學的成就，該有勇氣嘗試建立一個真正有力的，豐富的人的文學的傳統。」（〈從文藝的應用性⋯⋯〉）

四、對西洋文學批評的批評

在尋找什麼是有利於大詩人出現的情況時，李經先生曾向文學史裏探求 —— 從人類經驗歸納出一些共同的現象和原則作參考。同樣的，我們發現李經先生的文學批評理論與法則是在檢查過西洋各流派的批評的得失，去其糟粕，存其精華，再加上他自己如上述對文學的灼見才擬定出來的。因此簡略敘述一下李經先生對西洋各派批評學說和方法的評論，會有助於瞭解他的批評理論和法則。

（一）唯理、浪漫、印象等批評學說的得失

在〈感性的自覺〉一文裏，首先他分析浪漫、唯理論的主要異同。李經先生的論文文字一大特色，就是用語精約準確，因此我感到有需要大量直接引用他自己的原文的必要。首先他說：「唯理論以理知（Reason）為心靈最高的能力，認詩的創作必須在理知的指導下完成。他們提出一串作家必須遵守的法則和規律。作品如果違背了這些法規，便是失敗。」接着他略述浪漫派的特點：「浪漫派則以詩為情感的流露⋯⋯從唯情論的立場來看，理知、標準、法則都是累贅。非但不足以幫助詩的創作，反而足以損害詩的生機。他們將批評歸諸理知，而以詩為情感的產物。理知與情感既然是對立的，

詩與批評當然也無法調協。」

　　十九世紀末葉，很多批評流派出現，諸如印象批評，創造批評，美感批評及司賓賡（J.E. Spingarn）的「新批評」。李經先生概略地說：「他們都承認批評是作品所喚起的印象的記錄，是批評家陶醉在官能享受的那一片刻的再現。」於是他指出，這樣的批評則對作品的評價便沒有客觀的標準：「個人的敏感程度既不相同，個人的趣味更不一致，批評的客觀標準當然不存在。作品是批評家『靈魂歷險』的起點，不是他沉思分析的對象。」

　　這些流派和浪漫派一樣，都以直感爲最高能力，認爲批評是詩的敵人。這和唯理論剛好相反：他們以理知爲最高的能力，詩歸於批評的控制。

　　李經先生深深覺察到上述的批評理論曾被介紹到中國，且影響不少人。他說：「到今天，我們還可以發現類似於濟慈的說法：哲學批評會窒息詩的活力。」言下之意，似乎說沒有經過批判而就介紹到中國去的理論，往往會有不妥當的地方。從德國的謝林（F.W. Schelling）、英國的考律治（S.T. Coleridge）（他們認爲情和理之上有更高的心智能力：想像imagination，因此調和情理對立的問題。）和艾略特（他認爲批評和詩是相成的，「最有價值的批評論文往往是詩人檢討自己的創作經驗的結果。」）的批評理論得到暗示，李經先生評道：「所謂知性不過是經驗的規律化，感性是知性的經驗化。詩和批評同是經驗的自覺，同包括『感』和『知』兩方面。我們也許可以說詩是生的自覺再表現於經驗，而批評則是文藝的自覺被歸納成客觀的標準。」

基於這哲學基礎，他自然覺得唯理唯情的批評界說都有問題，因為「一方面，批評要求敏銳的感性；另一方面批評要求客觀的原則。」因此他批評說：「批評不是像唯理論所說的是一序列的信條，也不是像唯情論所說的是作品所喚起的印象和情感。」至於批評是什麼？李經先生有其個人的想法。這點留到下一節再分析。

（二）單元的、定性的批評傳統的批判

在「文學批評中的美」一文中，李經先生主要是分析朱光潛「文藝心理學」所宣揚的，一種以美為文學作品唯一軌範（criterino）的批評傳統的得失。這種批評傳統的體系可以放在幾個不同的平面來看。李經先生說：

> 從它認美為唯一批評標準這一點說，我們可以稱這一批評傳統為單元批評（Monistic criticism）；從它底批評程序來說，我們可以稱它為定性批評（Qualitative criticism）；從它底應用方式來看，我們更可以稱它為警句批評（Quotation-hunting criticism）。

李經先生又指出：

> 以美為衡量作品唯一的標準。由於這一基本假定，文學的批評程序必然地包括了下列幾個步驟：（一）確定美的屬性，（二）在作品裏尋出這些屬性，（三）孤立作品中擁有這些屬性的片段作為示範。（「文學批評中的美」）

因此這種單元批評在假定（hypothesis）上和應用上都有困難。譬如，如果美是可分裂的觀念，可以把許多東西分裂

成美或醜，則必將許多作品淘汰，將「無法解釋再現無限的
人生經驗的作品。」如果美是指素材或題材的美，則「美的
觀念區分了可以『入詩』與『不可入詩』的素材，大大地限
制了詩的豐富性和多樣性，使詩在繁複豐富的人生經驗前撤
退下來，蒼白無力。」或者美是指文字的美，但一樣有嚴重
的錯誤：

> 同樣的限制了詩的豐富性。更嚴重的是：詩人或作家
> 着眼於文字的音樂，形象及觀念的美以後，根本忽視
> 了文字在創造作品的感動力（emotional power）或情
> 感效果（emotional effect）時所負的責任，斤斤於美
> 的辭藻的蒐集，詩遂成為「七寶樓臺，拆開不成片段」，
> 失去它存在的憑藉。……五四是文字的解放運動，使
> 詩擺脫了「美的文字」的桎梏。（〈文學批評中的美〉）

　　很顯然的，認為美是文字的客觀屬性，不從文字與作品
的價值的關係作選擇文字的原則，卻以美為文學作品最終價
值，大大違反了上述李經先生對作品的全面價值的定義：「一
個文學作品存在的最後依據是它激動情感或喚起情感共鳴的
力量。」

　　從另一方面來說，即使美是指綜合諸元的作品本身的
美，這種單元批評，或定性的批評往往阻撓批評家認識作品
的整體性、組織性，因此使批評停留在文學的邊緣上，約束
了作家選擇題材的範圍，使作品和豐富複雜的人生和世界脫
節。所以李經先生評論道：

> 一個作品不能全部都是最美的，單元批評家勢必只好
> 在部分裏尋求美。他們的注意力既集中於部分所擁有

的客觀的美，自然承認了部分的獨立性，忽視了作品
中部分與部分的關係，部分與整體的關係；忽視了作
品的組織與組織的「力」。單元批評家所能指摘和讚
揚的也就只限於片段中可見到的幾種特性。他們在有
意無意只見已將作品有機的整體性（wholeness）降為
機械的總和性（totality）……使我們覺得所有文學作
品都是一串串混着魚目的珠項鏈；或者，更妥當點，
是夾雜有幾顆珍珠的魚目項鏈！（〈文學批評中的美〉）

李經先生在〈文學批評中的美〉中特別指出，《文藝心
理學》所宣傳的以美爲衡量作品唯一標準，單元的、定性的、
警句批評之所以特別流行，是因爲和中國傳統的「陽剛陰柔」
「雄健綺麗」之總滙聚成一股洪流。從壞影響方面來說，「無
論是新是舊的惡俗淺薄的風花雪月作品都是在這一批評傳統
裏長大繁殖的。」李經先生因爲要建立一個如上述的豐富深
厚的人的文學傳統，因此他深深覺得需要一種新的文學批評。

五、多元的、分析的、辨別類型的文學批評

綜合上面的討論，我們知道李經先生在尋找或構想一種
新批評傳統時，曾細心推敲，檢討過從西洋現成地、帶回中
國來的各種文學批評的性質和功能。他的指導原則，很明白
的是他有系統性的文學觀。上面又申述過：「文學作品存在
的最後依據是它激動情感或喚起情感共鳴的力量。」文學應
該以人性的尊嚴爲它的「基準」，紮根於豐富的生活裏。因
此他最後提出的新的批評是這樣的一種批評：

一種多元的（pluralistic），分析的（Analytic），辨

別類型的（Specific）文學批評。而這新批評的基礎必
須建立在對：（一）知識的可分析性，（二）人生經
驗的豐富性，（三）作品類型的多樣性，（四）構成
各類型作品特殊情感形態的諸元的可分析性的認識
上。（〈文學批評中的美〉）

李經先生所以堅持批評的多元性是不難明白的。他對批
評的定義是：「批評則是文藝的自覺被歸納成客觀的標準。」
（〈感性的自覺〉）要達到客觀的標準，自然要多元的批評，
單元的批評，如上所說，阻止批評家認識作品的整體性，組
織性等等；另一方面則約束作家去建立人的文學。多元批評
同時也可避免以外來因素決定詩或其他形式的作品的價值的
定命批評（critical determinism）的弊病。他說：「定命論的
批評最可怕的混淆是，將詩的必需條件（Necessary
conditions）認爲詩的充足條件（Sufficient conditions）。」
（〈詩與詩人〉）因此定命批評家往往不從作品裏、反而從
作者或作者社會的特徵與價值裏尋求詩的特徵與價值。

李經先生認爲所謂「哲學批評會窒息詩的活力」是錯誤
的，同時他也反對批評只是作品所喚起的印象。如艾略特所
說，他認爲「批評和詩非但不是對立的，而且是相成的。最
有價值的批評論文往往是詩人檢討自己的創作經驗的結果。」
（〈感性的自覺〉）因此當他在衡量一首詩的價值時（〈詩
與詩人〉一文中他便分析兩首詩作爲例子），他以詩的感染
力與說服力作爲分析的起點，因爲他認爲文藝的價值在於作
品激動情感的能力。

文學批評諸如單元的、定性的文學批評，譬如在以美爲

作品最高價值而致力於普通性的獵取時，往往抹殺了文學作品的類型（Species），忽視各類型所擁有的特殊元素及其在個別作品中擔任的角色。當一個定性批評家在劇本中找出幾行美的警句而馬上給它很高的評價，那不是笑話嗎？因此李經要建立「作品的多樣性」的人的文學，所以他特別強調在批評時要辨別作品類型是可想而知的。

因此，只有當文學批評是多元的、分析的、辨別類型的時候，批評才不是如唯情所說，只是作品喚起的印象和情感，或如唯理所說是一系列信條。只有這樣，文學批評才能具有「敏銳的感性」和達到「客觀的原則」。

六、文學批評的基點

一個有系統性的文學批評家，如果他的批評區域很廣泛，他通常會有一個固定的文學批評的基點，作為指導原則。在〈戴五星帽的文學批評〉裏，李經先生以作品，作者和讀者為三個基本的文學批評的基點：

> 作品、作者、讀者是文學批評的三個基點（Co-ordinates）。在實際分析過程中，批評家往往從這三者中間選擇一項作為指導原則；探究它的特質，再以這些性質為基礎，推演出文學的定義，作品的類別，評價的標準。亞里斯多德（Aristotle 384-322 B.C.）的詩學（Poetics）以作品為原則，雪萊（Shelley 1792-1822）的詩辯（Defence of Poetry）以作者為原則，賀拉西（Horace 65-8 B.C.）的詩藝（Ars Poetica）則以讀者為原則。

詩學的着眼點是詩的藝術，詩辯的着眼點是詩的創造
力，詩藝的着眼點是詩的應用性。詩的結構，題材的
選擇，人物的處理，語言旋律的安排，情緒運轉的軌
跡，是詩學討論的中心；讀者的心理特徵，詩的說服
力，詩對社會道德的影響等題目是詩藝探究的對象；
而想像、心靈、天才一類詞彙則為浪漫批評的代表作
詩辯典型的術語。[5]

從李經先生的界說來看，賀拉西的「詩藝」是以「讀者」
作為其批評的指導原則，它的着眼點是文藝的應用性，「詩
的說服力」是它探究對象的題目之一。我在上面說過，李經
先生也承認文藝有極大的應用性；其次他又說文藝的價值是
它的激動感情的能力，「脫離了這情感，文字也就失去它的
力量的憑藉，與指導的原則。」也許有人看了這表面上相似
的論點，便以為李經先生和賀拉西一樣 —— 其文學批評的基
點是「讀者」。事實上這推論是錯誤的。李經先生的批評基
點應該是作品，不是「讀者」。賀拉西這一批評系統是從讀
者的性質或社會的特徵與價值來尋求作品的特徵與價值。因
此着眼點在文藝的應用性。李經先生的批評系統剛好相反

---

5 在比較文學批評理論的研究方法中，目前以這種相當客觀性的分
　析步驟，找出各家批評的着眼與其相互之間的異同，普遍被採
　用。李經先生只採用「作品」「作者」和「讀者」三個基點，但
　目前影響力相當大，M.H. Abrams 所擬定的分析步驟包含四個基
　點（Universe, work, Artist, Audience），其中「客觀世界」
　（universe）是李經先生的理論所沒有。關於 M.H. Abrams 的書，
　參閱：The Mirror and the Lamp: Romantic Theory and the Critical
　Tradition （London: Oxford University Press, 1971.），pp.3-29.
　這書的初版出版於 1953 年。

—— 在「從文藝的應用性談文藝政策」，他完全反對偏執文學的應用性。前面已說過，「思想」在作品中只是創造情感的工具，如果認「思想」或「應用性」為文藝的最高價值，「也就是否認文藝的存在。」

其次賀拉西的「詩的說服力」和李經先生的「詩的感染力」與「說服力」（〈詩與詩人〉）表面相似，但所指的也相異。前者的說服力是以讀者的性質而定，譬如為了要某種讀者所愛好，則作品題材與文字技巧等都要符合某種讀者。而後者的說服力是完全靠作品的創作成功，也就是說藝術的成功。所以在對一首詩的評價時，李經先生認為不能在詩本身以外尋求詩的範疇。因此毫無疑問的，李經先生的批評基點是「作品」。有些以「作品」作為指導原則的批評家以美為作品的最高價值，可是李經先生卻以其藝術成功後所能激動情感的能力作為文藝最高價值，或者作為創作者創作時的指導原則 —— 這點也是應該明白的。

七、結　論

以上我引用過的八篇論文，最早的寫於一九五三年，最晚的寫於一九六一年。在這九年期間，血洗過後的中國大陸已長不起「人的文學」，中國文壇是最寂寞的年代，「沒有詩人的國家等於不會說話的人」（〈感性的自覺〉）大概有鑑於文學的重要，就在這黎明之間，有天使降臨，預言「周雖舊邦，其命維新」：

> 在本土的、外來的、新的、舊的種種達到溶化調和的
> 階段，我們的傳統將重新獲得它蓬勃的生命力，我們

　　的文藝也具備了「偉大」的條件 ── 「周雖舊邦，其
　　命維新」。（〈感性的自覺〉）

　　一口氣把這八篇論文讀完，將難發現，李經先生要建立
的批評體系，正是從多方面建設起來的。如果我們新文學要
走的路就是朝向這天使的足跡走去的，則李經先生的這一組
論文的重要性是可想而知。除了「意」（Ideas，李經先生語）
之外，李經先生這些論文，特別是那六篇，都可以當作文學
批評論文寫作的典範。行文平直簡要，而有趣味，本文中大
量引用原文，不必再舉例子。其次用字和批評術語都明確妥
切，各種復雜的「意」都很能有邏輯性的申述明白 ── 因此
很有可讀性。

　　自一九六二年後，雖然李經先生還不斷有詩發表，可是，
據我所知，用中文寫的，有關中國文學的批評文字就未見有
發表。我曾幾次問他不寫的原因，或且代表一些雜誌向他拉
稿，他總是先笑笑，然後說：目前臺灣的文壇已經很熱鬧，
人才也很多了，因此便懶得動筆。李經先生的話，當然是完
全真誠的。我們雖然沒有他的文章來證明他對二十年來臺灣
新文學成就的稱讚[6]，凡跟他接觸過的人都明白，他對臺灣的
新文學的寄盼並沒有失望，雖然也許還沒完全實現。據我個
人的印象，李經先生雖然停筆十幾年，但還有東山再起的雄
心。平時他無時無刻不在注意新文學的發展，他熟讀臺灣作
家的作品。近年來，他對中國文學批評很感興趣，他給周策
縱教授的一封信中（1971），自稱最近「醉心於文心雕龍」。

─────────────

6　當然，比較片斷的還是有的，如最後寫的（1961）的「『翡翠貓』
　的世界」及「介紹『埋沙集』」便有稱讚之語。

很多跡象都顯示出，李經先生將為中國文學有一番更大的貢獻。可恨他竟一病不起！

　　天使匆匆地來了又去了，怎不叫人心痛！我們需要這樣的批評家，因為像他所說，只有當這樣的「批評家的『意』（ideas）和詩人的『見』（vision）多方接觸，詩及其他形式的文學作品才會偉大起來。」

　　　　　一九七二年五月十日於美國威斯康辛大學

（原載「幼獅文藝」，第二二三期（一九七二年七月），第 131-137 頁），後收入王潤華《中西文學關係》（臺北：東大，1978），頁 246-268。

美國學術界對盧飛白的
艾略特詩論之評價

淡瑩、王潤華合著

　　盧飛白博士不幸於今年（一九七二）三月十日病逝於紐約後，認識或知道他的人，在悲悼之餘，都不免談起他生前唯一出版的論著：《艾略特詩論中辯證法的結構》（*T.S. Eliot; The Dialectical Structure of His Theory of Poetry*）。這部書於一九六六由芝加哥大學出版，目前初版已賣完，而未見再版。臺北出版的《星座詩季刊》曾把其中一段翻譯成中文，介紹給中國文壇（見《星座》，第十三期，民國五十八年六月）。

　　《艾略特詩論中辯證法的結構》一書，原來是盧飛白先生在芝加哥大學英文系的博士論文。盧先生在芝加哥大學時，受學於「芝加哥派」的名批評家 R.S. Crane, Elder Olson, George Williamson 和 Richard Mckeon 等人之門下。因此作為一個批評家，盧先生接受了最好的訓練。盧先生雖然精研西洋文學批評，兼通中國文學，可是他從來不輕易著書。他平時非常沈默寡言，常以「心遠地自偏」為座右銘。一九六八年至六九年之間，當他在威斯康辛大學做客座教授時，他沈默，「微弓」着背的形態，使我們想起他給艾略特寫的一首

詩的其中一段。這首詩題名〈倫敦市上訪艾略忒〉（見《文
學雜誌》四卷六期，民國四十七年八月）：

> 他清瘦的臉蒼白如殉道的先知，
>
> 他微弓的背駝着智慧，
>
> 他從容得變成遲滯的言辭，
>
> 還帶着濃厚的波斯頓土味，
>
> 他的沉默是交響樂的突然中輟，
>
> 負載着奔騰的前奏和尾聲——
>
> 他的沉默是思想的化身，
>
> 他的聲音是過去和未來的合滙。

　　唯一不同的是，盧先生充滿中國人的敦厚氣息，他的鞋
子下還帶着大砲轟擊過後，上海的塵土。

　　盧先生的《艾略特詩論中辯證法的結構》一書出版後，
美國學術界給予極大重視。我們下面選擇了四篇書評，這四
篇都是在出版後一年左右發表的。從這些書評中，我們也許
可以知道這部書對研究艾略特的重要性。

　　（一）第一篇是 *Virginia Quarterly Review*（一九六七年，
冬季號，二十四頁）的書評。作者是該季的編輯。這篇書評
指出，艾略特批評詩的理論，常有前後不一致，互相矛盾的
地方。以前的批評家不是忽視這現象，就是把這矛盾解釋成
艾氏改變立場（從唯美到功德主義）所致。從艾氏未出版的
博士論文中，盧先生得到啓示，而且證明艾氏的詩論有其哲
學系統做基礎：他推論的法則是辯證法。因此他詩論的矛盾
不是破綻，只不過是以矛盾中尋求統一必然的過程而已。這
篇書評強調說，盧先生的貢獻刪除了發現艾氏的論辯方法，

在解釋他的詩批評理論中，無往而不利，同時也可以運用到
解釋艾氏的文化、教育、政治和宗教理論上頭去。

　　儘管很多讀者會被嚇得不敢下手 —— 一大堆套用原作者
的句子和注解，冗長的參考書目，還有偶爾嚴肅而單調的論
辯，可是認真的艾略特的學者，一定會發現這部研究艾氏詩
理論的著作很多真知灼見，很有啓發性。艾略特的詩論直到
目前爲止，曾因爲很多互相矛盾的地方而帶來很嚴重的問
題。批評家的解釋向來多數避重就輕，不是忽視有系統的重
要性，就是認爲那是由於一種巨大的改變立場 —— 從唯美變
成功德正義之後所導致。

　　可是，盧先生在艾略特研究 F.H. Bradley 的博士論文中
找到研究的線索。[1]這論文的結論肯定了一種建立在「觀點」
（Point of View）定理上的新認識論的推斷。從這線索，盧
先生證明出艾略特有一套得自某一哲學的工具的統一的批評
理論。這個貫穿着艾略特所有的批評論文中的理論是建立在
辯證法的結構上。當艾略特的論點出現前後不一致的時候，
他事實上是企圖把互相衝突的因子（有個性的和無個性的，
藝術的和道德的）促成有相互的關係，然後找出放諸四海而
皆準的真理。矛盾的產生，是由於辯證法中心的統一體系，
允許從這體系的任何一個主要的特點（Correspondence,

---

1 F.H. Bradley（1846-1924）是英國哲學家。艾略特在哈佛大學的
　博士論文是 Experience and the Objects of Knowledge in the
　philosophy of F.H. Bradley。艾氏雖然將論文寫完，可是沒有回去
　考試，因此沒拿到學位。這論文出版成書後，題目稍異：Knowledge
　and Experience in the philosophy of F.H. Bradley（ London:
　Faber & Faber, 1964 ）。

Coherence, and Comprehensiveness）來分析文藝作品。[2]

　　雖然盧先生主要的着重點是艾略特文學批評中的辯證法的體系，他在論文的末尾說，這種分析的方法可以無往而不利的用來解釋艾略特的文化、教育、政治和宗教的理論。因此這部著作的價值在這兩方面 —— 它的證明，和觸類旁通的啓發性 —— 都一樣重要。

　　（二）第二篇是美國研究圖書館聯合會的刊物 *Choice* 上頭的評論，刊於第三卷八期，一九六六年十月出版（六四四頁）。這篇書評指出盧先生成功的分析了艾略特的批評理論。他的分析是折中理論學的手法，而且傾向「芝加哥派」批評家。

　　盧飛白實踐了他的宗旨：「是要找出艾略特的批評理論，不是要給予評價」。在證明艾氏「三元的批評原則」（Correspondence, Coherence, and Comprehensiveness）之間，他引用了一大堆別人的句子。雖然這些原則是他的論斷，而不是得自艾略特的不太亞里斯多德派的論文中，雖然艾略特論 F.H. Bradley 的認識論的博士論文要被用來做證人，艾氏各方面的論點的確可被形成完整的系統，可見論據相當充份。以前批評家的各種解釋扼要的敘述一遍後，然後否定這些批評傳統。在這樣一部忠於「芝加哥派」批評系統的論著，我們可以預料「新批評」陣營的批評會被迅速而嚴厲的批判。當分析方法是屬於折中派的理論學時，這部書既是大膽的嘗

2　這三個字都是哲學術語。Correspondence 定理說，真理是由判斷和另一個獨立存在的實體之間的諧和組成；Coherence 定理則認爲真理是所有分離的個體的連貫和結合所形成。

試也是極有趣的批評。對曾徹底閱讀過艾略特的著作的讀者來說，讀盧飛白這部因成熟的博文論文一定會得益不淺；但是對程度不夠的人來說，也許會導入歧途。

（三）第三篇是 Frederick Hoffman 教授寫的短評，發表在芝加哥《詩雜誌》上（第一一一卷，三期，1967 年 12 月，第 204 頁）。Hoffman 指出，這部著作最大的價值是它指出辯證法的批評系統，這樣便可以把許多散落各處的論點有邏輯地安排起來給予新的解釋。

這部書有其成功的地方。它的確可以辯倒一種（這種已是落伍的論調）對艾略特的批評。也許因為艾略特別人研究得太澈底的緣故，再多一本論艾氏的書帶來了令人煩厭的威脅。盧飛白最大的努力是要指出艾略特批評中辯證法的系統。這項努力有兩個重大的目標：把那些看來分散各處，毫無關連的論點，歸納一下，安排起來，很有邏輯性的給予解釋；其次把早期如 Victor Brombert[3]的批評放在一旁，不必去管它。盧飛白在書中很有趣、很恰當的用了很多批評術語，可是在最後一部份裏，他的論說變得太過複雜，因此他的論點使人頭痛難懂。另外，我要指出，一本論一個詩人的書，其中卻沒有談到他的詩（儘管這是說明不是研究詩的），最後它一定會使人失望。

Comprehensiveness 則要求從眾多的方向去尋求真理。

3 Victor Brombert 代表那些批評家說艾略特論文中的矛盾是由於艾氏從唯美變成功德的立場的改變。參見盧著八、九和十頁。Brombert 論艾略特的主要作品有 *The Critism of T.S. Eliot: Problem of an "Impersonal Theory of Poetry"* （New Haven: Yale University, Press, 1949 ）。

　　（四）第四篇是 Walter J. Ong 教授寫的書評，發表在
American Literature 上面（第三十八卷，四期，1967 年 1 月）。
他除了肯定盧先生研究出艾氏批評中的辯證法系統的價值
外，並且說盧先生發現艾氏論文後面隱藏的哲學影響也是一
種重要的貢獻，雖然在這書裏作者對這方面沒有徹底的探
討。下面我只選擇一些片段。

　　很久以來，他的批評論文和詩就受到很多人指責說，有
很多意思含糊和模棱兩可的地方，甚至說是故意造成的。這
本書的作者是一位生於中國的批評家，他曾先後在美國唸書
和教書。這書的主題是要證實艾略特的看來像含糊、模棱兩
可的地方，乃由於他以辯證法作為探求真實之論證法所造成
的。艾略特經常以一對概念一起應用，任何一對如果沒有了
其一則將不能成立。比較有代表性的是思想和情感（thought
and feeling），聲音和意義（sound and sense），散文和韻文
（prose and verse）……。
　　……

　　盧飛白先生確實證實了艾略特的思想體系 —— 使用辯證
或半辯證的方法去思考和立論，而且用得比那些不探求艾氏
作品中這種智識泉源的人所看到的要多。他同時又研究出那
些像意義含糊、模棱兩可的問題，多數是由於他不願意接受
把實在減少至只有一元的論斷……

　　盧先生這部上乘的論文以辯證結構來解釋得很清楚 ——
艾略特的評論是在黑格爾的歷史觀所感染的世界中「統一狀
況的微積分」（117 頁）。作者並沒有給我們提供很詳細的
有關艾略特的理論的傳統背景 —— 是屬於黑格爾呢？還是出

自其他派系？多一部補充這論點的研究，用哲學史這角度，把艾略特的批評的地位做更徹底地一番研究，相信可以把這問題看得更透澈，更遠大……

（原載「幼獅文藝」，第二二三期（1972 年 7 月），第 131-137頁），後收入王潤華《中西文學關係》（臺北：東大，1978），頁 246-268。

天上人間俱悵望，經聲
佛火兩凄迷
── 敬悼盧飛白先生

瘂　弦

今年二月下旬，新加坡大學的劉紹銘教授路過臺灣，朋友們歡聚一堂，詩酒把握之餘，話題涉及到盧飛白先生的病況。大家都惦記着他開刀後的情形，認爲像他這樣寬厚博學的人，應該是會假以天年，不致有太大意外的。

當時大家都爲着他的康復而祝福。希望他能夠繼續他那研究艾略特詩律的功力，爲中外學術極爲提供另一番讓人側目的貢獻。

萬萬不曾料到的是，沒有幾天，盧飛白先生竟於三月十日因食道癌病逝了！

等到國內得知這個消息時，已是四月初旬。風雨消磨，海天茫茫，緬懷着盧先生沉默、微弓的背影，重思舊事，我們心中興起的，豈僅是悼亡傷慟而已呢？

盧飛白先生享年僅五十三歲。正該是如日中天的年代，他卻放下了手中的那隻巨筆，作別了他所深愛的妻子、兒女、詩與文學，跨入生命永遠的寧靜與安詳了。

由於盧先生的淡泊名利，雖然他出身於芝加哥學派，是一位專研艾略特而有成的學者，雖然他也寫詩，也有一段輝煌的過往，但他很少向人談及他自己，不僅國內一般人對他相當陌生，就是他的親朋友好，甚至也在他的身世背景上，所知無多。

從他個人偶爾的言談和目前已有的資料，我們知道——盧飛白先生是浙江人，民國十九年十月廿八日生，中學受教於國內知名的杭州高中，大學曾在西南聯大外文系就讀。大四的時候，盧先生基於強烈愛國心的驅使，投身於青年軍，遠征印緬，當了一年的軍中翻譯官。據他的一位好友，威斯康辛大學的王正義先生說，盧先生當年退伍時，已是師級的機要秘書了，但他仍決心繼續其在學問上的努力，回到清新浩瀚的書香中。

在北平清華大學，盧先生曾任教了一年大一英文。他於卅七年考取庚款赴美，攻讀於芝加哥大學英文系，卅九年拿到碩士，四十年與傅在紹女士結婚。因為身體不好，一直到五十三年才完成他的博士學位，盧先生曾先後執教於長島大學波斯德學院及威斯康辛大學英文系。一如夏志清先生在他的「悼詩友盧飛白」一文中所說，「在當年，讀英文系的國人，要想在美國大學教英文，難上加難。」盧先生不僅勝任愉快，同時，他講授的還是美國教授都感到吃力的艾略特詩學，他的學問與才識，自可想見！

作為一個學者的盧飛白，是嚴肅的，而且是有守有為的，他有自己的原則與驕傲，但他絕不以此來傲人。為了使西方學者明白，中國人在英國文學的園地裏，一樣也有超群的表

現，他堅持了自己的所學。在無數研究艾略特的專家著作中他邁過群儕，以最雄辯而具體的聲音，樹立了自己的創見，成爲第一個有系統的研究出艾略特詩律中辯證法結構的學者，贏得國際的尊重。（關於他的博士論文：《艾略特詩律中辯證法的結構》*T.S. Eliot, The Dialectical Structure of His Theory of Poetry*，及其評價，請參閱紀念特輯鄭臻譯文，以及淡瑩女士〈美國學術界對盧飛白博士論艾略特著作之評價〉一文。）

　　他同時是「芝加哥批評家」的一員。他在文學批評上的卓越識見，不僅可在他的論文中一覽無遺，單單他以中文寫就的那幾篇議論文字，就已足堪我們「低廻留之不能去」了。他對於我國新文學發展趨向的探討，對於建立新文學批評體系的意圖，對於《紅樓夢》與「詩品」的精辟洞燭……不僅展示了他個人思想的嚴謹與精密，同時也強調了他對文學的恢宏觀照、特殊見解（請參閱紀念特輯王潤華一文），如同許多人所曾經期待過的，假使盧飛白先生以他的才情學養，轉過頭來，專注於中國文學的系統性探討，勢必將會大大的豐富我國文學的內涵。

　　事實，他也正有心於此，數年前，他就與一家出版社簽訂了合同，準備着手於一部《劉勰評傳》的撰述，可惜的是，他以新觀點論述《文心雕龍》的偉大理想，因着他的病況遷延到今，終究未能實現。這不能不說是中國文學上的一大損失！

　　然則他并不是那種冷冰冰的學術至上論者。因此，他寫詩，他以激揚的熱情凝入暖暖的知性裏，發而爲詩，譜出了

他的響往與哀愁。

當盧飛白先生以李經的名字的出現時，他詩人的秉賦與特質，全然的突出而形象化了。在當年的《文學雜誌》或其他刊物上，詩人李經一首首卓而不群的詩章，投給國內詩壇的一份相當的震驚。他和夏志清先生的結識，也就是因緣於他的一首詩作：〈倫敦市上訪艾略忒〉的刊登；這首詩，不僅刻繪了這位當代第一詩人的精神與外貌，也是他自我心聲的強烈投影。他先後所寫的其他詩作，也都或多或少的剖示出他個人與這時代的深沉感應和同情。不論〈血污的黃昏〉也好，〈葉狄帕斯的山道〉也好，都有一股豐沛的情感與反省之流，汩汩的貫穿其中，泉湧着他對命運、人生、時代的種種愛、恨，默思與悲歌。

他的詩，沉雄而奇異，常常以一種近乎白話的平淡語言，娓娓顯現出超乎尋常字語以外的巨大力量。香海棠館詞話所謂「其秀在骨，其厚在神」一語，豈不正是他詩句質地的寫照？

而他詩句內蘊的精神，更使我們看到一個真正意義的詩人，一個哲人海德格所說的，呈現真實靈魂的詩人。這種人，在今天是越來越少了。

朋友們大多知道，盧飛白先生是一位學者也是一位詩人，一般卻較少知道，在他那生命「壯且厲」的少年時代，他并且是一位傲笑疆場的英雄！

曾經在一次更深人靜的夜話裏，盧先生透露過他在青年軍中的一段往事。依稀中，彷彿記得：他的故事裏有一匹馬，一匹袄滿黃金的馬，一個土著，剩下就是「撫劍獨行」的他

了。在印緬一帶的沼澤山林裏，他們前往疏通一個土著部落，協助遠征軍完成某項攻敵的計劃。

隨着這幾年與盧先生的隔離，整個故事已經在我們記憶裏模糊了，但是，他當年那份「立馬江山千里目」的豪情壯志，卻更生動的浮動在我們胸懷 —— 縱使這只是一個殘缺不全的故事，總是故事的主角已經與世永辭；僅僅這吉光片羽的訊息，實也夠我們去憑風懷想，低廻感動了。

在這層意義上，他使我們想到紹興末年率眾渡江的辛棄疾。他們都是詩人，也都是英雄。只不過，盧飛白生當的時代，面臨到了幾場更大的變動，這一切的結果，也自然就使他們命運各異了。

雖然，盧飛白先生客居美國已有漫長的廿餘年；雖然他後來以全部的熱誠奉獻於英美文學的研究，可是他并不曾洋化，美化。他依然具有了中國士人持己嚴正、憂勤自任的一切美德，依然擁有那份老莊思想清靜自然的境界，依然是一位典型的中國人。甚至在言談態度上，有時更是澈頭澈尾的中國鄉土式的；彷佛，他是一位昨天才從杭州鄉下來到紐約的人……生當此時此世，我們能尋找到幾位這樣淳厚質樸的長者呢？

當我們讀到鍾玲寫給劉紹銘先生的信裏，描述的盧飛白先生的形象 ——「一年到頭都穿着黑西裝，常常一個人在寒風下的陌地生街頭踽踽獨行……」我們是籠罩在一種什麼樣淒迷清涼，而又孤高寂寞的心緒裏？

盧飛白先生的生命，陷入永夜的黑暗了。可是他的詩，他的愛，他的深邃學問與樸實的人格，卻將伴同着他的名字，鐫刻在每一個相識或不識的朋友心中，光華明亮，與歲月共長久。

悼詩友盧飛白

夏志清

　　三月二十八日（星期二），在華爾道夫大飯店參加美國亞洲學會年會回家，已在下午，看當天的來信，其中有張訃告的硬卡，才知道盧飛白兄患癌症不治已於三月十日謝世了。當時心中異常難過，飛白雖非我日常見面的朋友，的因為意氣相投，實在可算得上是位知己。他享壽五十二歲，比我大一歲，一九四八年出國，比我遲上半年，我們讀的都是英文系，他在芝加哥大學，我在耶魯。雖然一九六二年我任教哥大後，才有緣相見，的因為我們所學同好，嘗過同樣的甘苦（在當年，讀英文系的國人，要想在美國大學教英文，難上加難），談話非常投機。每次相敘，臨別時總依依不捨。我一九七〇年六月從香港回來後，一直沒有機會同飛白見面，滿想他的癌症已治愈了，得到噩耗，悲痛之餘，更添了不少內疚。

　　我同飛白談話，大半時間在討論詩和批評，他的身世反而知道得不多。最近飛白夫人傅在紹女士給我一封信，對他的家世和學業做了個扼要的報導：

> 　　飛白家庭狀況，說來慚愧，我知道得很少很少。其中最大的原因是我不善於察根究底。他的父親被毛共「人

民政府」清算的事，還是在我們婚後方才知道，他的母親是在一九六二年生癌症死亡的。他有一姊二妹，自「文化革命」後，他的妹妹叫他不要寫信去，因此音訊完全斷絕。他出生於一九二〇年十月廿八日，小學在（浙江）臨海他父親辦的附小就讀，中學則為杭高，戰時在西南聯大，大學三年級從軍當了一年翻譯，勝利後去北平清華教了一年大一英文。一九四八來美，一九五〇取到 MA，以後因身體柔弱多病，直到一九六四方完成博士學位。一九五七年搬到紐約的目的是為他健康欠佳，我所學的圖案畫的公司都集中在紐約，為了實際問題決定全家遷居，在這十餘年中他至少進過七次醫院。

老友陳文星兄同飛白在杭州高中同學，在他的悼文裏曾追憶了他們那段時間的共同生活。在西南聯大那段時間，飛白的同學應該更多，希望有人寫篇回憶錄——《未央歌》作者鹿橋（吳納孫）兄也是聯大外文系的高材生，可能和飛白是同班同學，想他會撰文紀念故友的。一九四六～一九四七那年我自己也在北大教大一英文，曾隨先兄濟安到清華校園去訪他的好友徐璋（也是外文系，我出國後不久，他就自殺了），可能慳緣，沒有同飛白見面。飛白是考上庚款出國的——同屆楊振寧、何炳棣，都已早享盛名——那是讀英文系的人多，着實有幾個人材，飛白與群彥競考而獨占鰲頭，實在表示他英國文學造詣之深。飛白到芝加哥後才同再紹女士認識，他們一九五一年八月結的婚，生了兩位千金，大的叫宣哲 Selena，十九歲，現在波士頓讀大學，小的叫琴儀 Jeanie，

十三歲。

　　飛白出國後曾用李經這個筆名寫過不少詩和批評，愛好
文藝的讀者想來都知道這個名字。我第一次注意到李經，是
讀了他在先兄所編《文學雜誌》（一九五八，八月）上所載
的一首詩。詩題〈倫敦市上訪艾略忒 —— 歐游雜詩之三〉。
我覺得詩寫得真夠味，而且妒羨他的福氣，能和當代詩人兼
批評家 T.S. Eliot 有見面談話的機會。全詩抄錄如下：

　　　　給我的，我已衷心領受；
　　　　沒有給我的，我更誠意地追求。
　　　　四通八達的街道，人影紛紛擾擾。
　　　　穿過半個地球，我來此
　　　　作片刻的勾留。

　　　　他清瘦的臉蒼白如殉道的先知，
　　　　他微弓的背駝着智慧，
　　　　他從容得變成遲滯的言辭，
　　　　還帶着濃厚的波斯頓土味，
　　　　他的沉默是交響樂的突然中輟，
　　　　負載着奔騰的前奏和尾聲 ——
　　　　他的沉默是思想的化身，
　　　　他的聲音是過去和未來的合滙。

　　　　羅素廣場外，高低的建築物
　　　　真是不負責任的儀仗隊。
　　　　它們終日低頭構思，

艱難地企圖表示
那難以表示的情意，
忘却了歡迎異客應有的手勢和姿態。

沒有娇飾的大城，
素樸的是它的心。
他默默地注視，看
人在濃霧裏摸索——
有時，沉迷於無知的烈酒，
英俊得可憐；
有時，懷疑毀壞了自信，
熊熊烈火後的死灰。
僅在那些晴明的午後，
溫熙的陽光普照於玫瑰園，
永恒的圖案，豁然呈現。

要啟示的，其實，
都已經啟示過。
啟示過的，那一天，
又，充滿驚訝，
以奇蹟的姿態出現？
每一回的祝福，
（巨匠也低頭沉吟）
只留下支離破碎的詩篇，
輾轉於艱深晦澀的語言。

　　艾略忒祖上原籍波士頓，很早就到英國去留學了，後來改籍英國，多少年來一直在羅素廣場 Russell Square 一家書局 Faber and Faber 掌管要務。飛白能在艾略忒辦公室見到他，就不很容易，因爲艾略忒輕易不見生人的。詩中活用了艾略忒詩中常見的徵象（如「玫瑰園」），而且把他的神態寫活了。最後兩節，更把他詩中所想表達的境界「啓示」給我們。

　　讀了這首詩後，我才去打聽李經的真實姓名（可能曾函問先兄），知道他在芝大寫博士論文，研究的對象即是艾略忒，更使我對他起了極大的欽佩。我自己一九四二大學畢業那年起就潛心研究艾略忒，把他的詩和批評讀了再讀，凡是他稱許或看重的詩人和戲曲家，無不細心研讀。討論艾略忒的專書和論文，見到有新出的，就搶先去讀，直到六十年代，因爲自己改行教中國文學，才無餘力多看有關艾略忒的新材料。到那時候，研討艾略忒的專著論文早已汗牛充棟，要有創見，實在不容易。飛白的論文專研究艾略忒的詩論，題目叫《艾略忒：他的詩論的辯證式的結構》*T.S. Eliot: The Dialectical Structure of His Theory of Poetry*，一九六六年芝加哥大學出版，全書一百七十頁，　百三十八頁是正文，外加廿七頁參考資料，廣徵博引，實在很顯功力。書出版後，飛白即贈我一冊，當晚我就把它讀完了，不獨英文寫得紮實，而且能自成一家言，着實使我佩服。芝大教授研究西洋文學，宗亞里斯多德爲經典，自成一個系統，廿年前常同耶魯大學「新批評派」的教授筆戰。飛白可說是芝大的嫡系，而我自己受耶魯薰陶較深，觀點不大同，但飛白能堅持艾略忒從早

年到晚年，對詩的了解有一貫的主張，真是難能可貴。普通一般人重視他的早期批評而覺得他的晚期批評無多創新處；同時，一般人認為艾氏寫的是詩人的詩評，論點前後不常一致。飛白能抓住艾氏「吾道一以貫之」的三條大線索，力排前說，真見功夫。這本書國內各大圖書館應該都備有一本。國外學人專攻英美文學的人數根本就不多，有專著出版的，更是絕少。飛白這本有份量的論著，我認為帶給了國人不少光榮。

　　我到哥大教書的那一年，飛白已在長島大學 Long Island University 的波斯德學院 C.W. Post College 教英國文學。他家住在長島鎮 Long Island City。我不開汽車，也摸不清門哈頓區以外的紐約市地理，所以每次都是飛白進城來找我，至今我沒有到過他的家，也沒見過他的太太，說來真是慚愧（雖然我已約定日子去拜訪弔慰，情形到底不同）我從大三開始，一直研究英詩、詩的批評和理論，學士論文、博士論文都專研一個英國詩人。在哥大教書，來往的人但是研究中日文化的，難得有飛白這樣一位朋友來同我談談本行，每次在我家裏坐談，或者到哥大附近小館子（新月酒家、月宮酒家）吃午飯，二人都談得興高采烈，神飛色揚。那時二人都抽紙煙，一根一根不斷的抽。有一陣好久未見面，飛白來訪了，他說前一陣一隻眼睛的網膜 retina 滑了下來，差不多瞎了眼，幸虧紐約市名醫多，住院動手術把網膜的部位移上了。那次我們在月宮酒家吃飯，照常的抽煙，飛白笑着說，據醫生說，視網膜下落同抽煙多少有些關係。他當時沒有戒煙，想不到隔了兩三年患了癌症，得把食道割去一大節，我想食道癌的

成長必然同抽煙有關。當然，他母親也患癌症，遺傳也可能是個因素。

我和飛白，總是兩人清談，只有兩次情形不同。有一年春天哥大舉行一次聚餐會，主賓是英文系首席教授屈靈 Lionel Trilling，我想飛白一定想見屈靈的風采，加上我同屈靈也認識，就買了兩張餐票，一張給飛白。那次飯後有屈靈的老師、名詩人范多倫 Mark Van Doren 等致辭，屈靈自己也致謝辭，大家興致很好。飛白十時半才乘地道車返家。一九六七年夏季，聶華苓來紐約度假一月，我同華苓中央大學的幾位同學發起一次聚餐，在錦江餐廳，因為飛白曾寫過「翡翠貓」的書評，同華苓通過信，我也把他請來了。飛白平日態度很自然，談笑風生，那次不認識的人太多，他比較拘謹。飯後在華苓寓所，他才恢復故態，同我大談。那時《艾略忒》論文出版不到一年，他想用同樣方法研究亞諾德和苛立治論詩的辯證結構。同時暢論老莊、「文賦」、「文心雕龍」，談鋒特別健。

一九六八年春天劉紹銘弟向威斯康辛大學提出辭職，決定返香港服務，我趕快寫信給他，極力推薦飛白繼承他的職位。我想飛白在波斯德學院當助理教授，已好多年了，加上他已有專著出版，按理早應該升級，何況波斯德學院算不上是一二流的學府。飛白真正書生本色，名利心極淡，加上他太太是服裝設計員，收入想來不壞，更造成飛白不與人爭的處事態度。但站在朋友的立場，我總替他抱不平，認為他如能去威斯康辛訪問一年，兼教東亞語文系、比較文學系的課程，在事業上總比較稱心些，因為當時像我們這樣主修美國

文學的人，可說絕大多數都已改行教中國文學、比較文學了。飛白在威大教紹明的課程，當然駕輕就熟，但他去了一年就回來了，當時我得到消息，很感失望。飛白是隻身去的，可能想家；但最主要的原因，他的癌症那年春天想已開始作祟，所以人非常容易累，覺得有回家的必要。

　　一九六九年暑期飛白返紐約，我們沒有晤聚，因爲那年七月我結了婚，婚前婚後雜事特別多，加上我沒有打電話同朋友聊天的習慣，整個秋季竟沒有同他聯絡。十二月中旬，正要開始給朋友寫新年賀卡的時候，我收到飛白寄到我辦公地址的信（他以爲我可能新婚後搬了家了），讀完嚇了一跳。全信抄錄如下：

志清兄：

　　回紐約後一直想和你見次面，向你道賀，並談談在威斯康辛的經歷。因爲身體壞，一直不能如願。我今日進醫院動手術。不知何日能出院。如果天保佑能活着出來，一定再寫信給你。便中請你給我你的通訊地址及電話。匆此，祝

　　安好

弟飛白敬上　十二、十二
我的新電話是 RA9-4443

　　震驚之餘，實在想不出飛白會得了什麼急病，而有性命之虞。盧太太雖然信上說，他在紐約期間曾至少前後進了七次醫院，他自己從未在我面前抱怨過身體不好。他人比我瘦些，身材相仿，大約五英尺六、七寸左右。他臉色不白，但相貌挺秀，顯然是江南才子的典型。因爲多讀了書，加上他

的詩人氣質，臉上一無俗氣，真可說是儀表非凡。雖然戴了有色的眼鏡，他的一雙眼睛炯炯有神，尤其是在笑的時候，全臉照耀着淳厚、聰明的光采。他爲人這樣達觀，上次談到眼睛動手術，毫不在乎，連說帶笑，好像是多了個非常有趣的經驗。事實上，視網膜下落好像是讀書用功的人易犯的毛病，既已治好，我也不替他擔心，想不到他又得了重病。那天一天我不能好好做事，忍到晚上才同盧太太打電話，知道他患了食道癌，現住門哈頓東區的紐約醫院 New York Hospital。我當時不能自己，祇好打電話給我朋友中認識飛白的兩位：陳文星和唐德剛。他們也驚愕不止，而且有同樣的感慨。飛白是再好不過的人，一肚皮學問，而知道他的人不多，上天真不應該給他這樣一個險症。

　動手術後靜養了好多天，醫院才準飛白接見朋友。我在一個寒冷而晴朗的下午見他，人瘦了一大截，臉色比以往憔悴得多，但眼睛照舊有神，講起他病情和動手術的經過來，還是笑容常開，好像自己的身體同他開了個大玩笑，他并不記讎的樣子。據他說，秋季開學的時候，食道癌早已發作了，但他的私人醫生作了些普通的診驗，如肺部用 X 光透視等等，因爲找不到病原（食道癌比較稀見），拖了兩三月，才由專科醫生找到了癌症的所在。同時他沒有休假，照舊教他的課，有了食道癌而照舊吃開口飯，這是多大的痛苦。到十二月間查出病情，癌細胞已繁殖得無法電療，祇好把損害部分割去，暫時裝了個塑膠型的管子同胃部連接起來，等上半年，再割一節自己的小腸接上去，就可飲食自如了。他態度非常樂觀，講話時仍然很有精神，但顯得過分興奮些。

　　我們談了半小時，他的大兒女宣哲來看他了。她那時十六、七歲，因爲她媽媽每天得辦公，她一下課，即乘地道車從長島鎮趕到醫院，從不間斷。我雖祗見他一面，給我的印象卻很深，樸實無華，圓圓的臉，長髮披肩，完全美國少女的打扮，講話也是滿口英文，但她天性淳厚孝順，父女談笑間，病房中頓然添了一種「其樂融融」的氣氛，我深深爲之感動。我接到訃告後，同盧太太通電話，她說飛白最後一次進醫院，宣哲從波士頓趕回來，日夜陪她的爸爸，不吃不睡。爸爸故世後，她號啕痛哭，無休無竭。怕她觸景生情，所以沒有在殯儀館舉行任何儀式，出殯那天也沒有驚動任何人，因爲我們收到訃告時，飛白已經入土了。

　　我們談了好久，護士進來要給飛白灌注營養汁了。我只好退到會客室，回味他們父女恩愛的情景，雖然應該高興，但不免更感傷悲。我再回到病房，飛白話講得太多，顯然累了，祗好告辭，想不到那次竟是永訣。我本想再去看他，不料內子忽然流產，住醫院休養了好多天，加上我們二月初返臺省親的行期已定，不好更改，竟抽不出時間去問他的病情，在臺港期間應酬太忙，也沒有與他通信。

　　六月初返紐約，德剛兄嫂要替我們洗塵，問我要什麼朋友作陪，我說最好能請到飛白兄嫂，實在想知道他大病後的情況。赴約的那晚，我帶了兩本我剛出版的文藝論集《愛情・社會・小說》，預備一本給德剛兄，一本給飛白，請他指正。我們一到唐府，才知飛白兄嫂今晚不能來。雖沒有說理由，想來總是飛白身體欠佳，不便作客。當時感到失望，也增加了一份無名的惆悵。隔日我打電話去問候，講話的時間並不

長，好像飛白沒有心緒一訴衷腸，會不會自己覺得不久人世，不想多同好友來往，增加他們精神上的負擔？因爲一時見不到他，我把那冊《愛情・社會・小說》署了名寄給他，可能附了封短信，但他沒有給我回音。一九七〇、七一年的賀年卡，好像都是盧太太簽的名，不像他的手蹟。

一年半來，一直想找機會同飛白聚聚，但內子懷孕後，又怕流產，我們絕少在家裏請客，今年年初添了個女孩，更是日夜忙碌，加上我有無事不找朋友打電話的老毛病，竟一直沒有問候飛白的病況。那天看到訃告，捫心自問，覺得實在對不起亡友。這一年半來，我應該去看他幾次，雖與病情無補，（去年秋天癌細胞已在血管裏繁殖，不可救藥）但同飛白談談我們愛好的詩人和詩評家，談談艾略式、亞諾德、苛立治、陸機、劉勰，總可帶給他一份興奮和快慰吧。

盧太太告訴我，早在三、四年前，飛白就同吐溫出版社 Twayne Publishers 訂了合同，要寫一部《劉勰評傳》。該出版社有一套全球作家叢書，中國部門已出版的有胡品清女士的《李清照》，羅郁正兄的《辛棄疾》，柳無忌教授的《蘇曼殊》，和 Ernst Wolff 寫的《周作人》。劉勰的傳記資料有限，飛白那本書的着重點當然在《文心雕龍》。該書雖已有施友忠教授的英譯本，大規模借用西方文學觀點去研討他的專著還沒有。憑飛白詩學了解之精深，來討論這部中國文藝理論的名著，當然是最理想的人選。可惜天不假以年，假如未留遺稿，他這項計劃，同他一肚子才學，都已葬于異國黃土。

飛白是詩人，應該寫首詩紀念他，但我連一副輓聯也作

不來，遑論五古七律或白話新詩？深夜走筆至此，想起當年大學時代初讀一首首英國文學史上的悼亡名詩，我在上海，飛白在昆明，我們低徊誦吟，心中充滿了因悲戚同感而生的喜悅，應該是一樣的。當年我這樣醉心英詩，現在朋友間能體會這股傻勁，這種細細的喜悅的實在不多了。詩友亡矣，雖然我心頭被詩樣的情感所激盪，所能寫的也僅是這一篇追敘我們交往經過的悼文。在臺北，想有好幾位詩人同飛白有或深或淺的交誼。我希望他們能把飛白已發表的詩和散文集起來出本集子，同時也寫詩紀念他，像密爾頓、雪萊在他們不朽的詩篇裏紀念早逝未盡才的愛德華‧金和濟慈一樣。

一九七二，四月三十日

原《幼獅文藝》編者附記：

這篇文章是夏博士為《傳記文學》而寫的。因兩家刊物讀者對象不同，承志清先生惠允同時發表，以饗更多讀者。

悼盧飛白兄

陳文星

三月三十日到哥倫比亞大學圖書館借書，偶然碰到夏志清兄。他說盧飛白已於三月十日去世，使我吃了一驚，這真是一個晴天霹靂的噩耗，簡直使人難以相信。焉車回家，一路長嘆不已。

去年秋天回到美國後，一直想去看飛白兄。聖誕節前幾天打電話去他家中，大概是他的女兒接電話，說他不想接見客人，我想不到他病重不能見人，祇想以後去看他；復活節放假天氣轉暖時，一定可以看到他，哪知他在復活節前三星期，已與世長辭了。

一九七○年秋天，也是在夏志清兄處，得知飛白兄有喉癌，在紐約醫院動手術，經過良好。我立即去紐約醫院病房看他。我一進病室，他驚奇的說：「你怎麼知道我在這裏？」我送他一束鮮花，他說：「啊，你又何必浪費錢買花！」他又說：「我在吃飯。」我看他正將液體食料從一個膠質管子灌進他的小腸，原來因爲喉癌，他的喉上食管已經割除。他說六個月後，把小腸剪下一小段，補上喉管就好。舊友重逢，談話很坦誠。他告訴我近年來的境遇、挫折和成就，他是一九六四年在芝加哥大學得英國文學哲學博士學位，一直在

POST 學院教英文，別的大學也請他去教書，在威斯康辛大學教了一年，因爲身體不支回來。梅貽寶先生從艾渥華大學退休，曾經談起由他去接替，但要看將來身體而定。他的博士論文已由芝加哥大學出版。

　　他當時正在寫兩本書，已經與書局訂就出版契約，希望多活幾年，至少能把這兩本書出版。

　　他很有抱負的說：中國人得英國文學哲學博士的，就這麼寥寥可數的幾位，他一定要在原有崗位上，爲我們自己的國家爭口氣。我勸慰他說：「現代的醫藥對喉癌已有把握，我知道別人有把小腸接補喉管成功的，你的病一定有醫好的希望，請不要過分憂慮。」那天他精神很好，滔滔不絕，差不多談了大半個鐘頭。我恐怕他太勞累，向他告辭。我並對他說，我不久就要離美旅行講學，回來後再來看你詳談。看當時的情形，我對他的病況有信心。竟不知道這是最後一次的會面而從此永訣了。

　　是在一九四八年的多天，我去芝加哥大學讀書，飛白兄也去芝大，突然在圖書館遇見，彼此都驚異着：「真是巧合。」他是西南聯大外文系畢業，抗戰後在清華大學任教，是考取庚款來美留學的。以爲是少時國內的中學同學，在芝加哥時過往很密，每於夜闌人靜之際，暢談國是，悲憤塡膺。他雖是一個讀英國文學的翩翩書生，對於當時政略和戰略。都有他獨到的見解，我稱譽他是當代的諸葛孔明。後來我在芝加哥大學畢業，來到耶魯大學繼續讀書，起先幾年還是通訊，後來就失去聯繫了。祇是在一九七〇年秋天，從夏志清兄處間接知道飛白兄在紐約醫院治病。

　　我認識飛白兄是在一九三五年至一九三八年在杭州高級中學同學時期。回憶當年大家穿着黃卡琪布的校服，穿梭於教室、寢室和操場上，一幕一幕的舊景不斷的重演在眼前。那時杭高在定榮校長主持之下，校務蒸蒸日上，校譽遠揚，全國各地都有學生前來投考。

　　杭高錄取標準極高，我們都以考進爲榮。大多數同學都很優秀，飛白兄就是其中的佼佼者。抗戰軍興，同學們由於愛國心的激勵，有不少從事各部門的工作。飛白兄於考入西南聯大後，曾經志願做軍中翻譯官。我也投筆從戎，轉戰疆場數年。其他同學參加抗戰行列而犧牲的很多，也有不少因此失去升學的機會。如果他們能給予在美國那種自由求學的機會，我相信他們在文哲和理工各方面，都能有突出的成就，飛白兄是我杭高同學中的傑出人才。而天不假年，遽而仙逝。我校校歌有一句話，「翠柏夾道兮永相望。」杭高校園裏的翠柏依然常青，而飛白兄卻早已入異國異土的黃泉裏。撫今思昔，不勝感慨系之。

　　如今中國大陸在極權統治之下，根本不能呼吸自由空氣。外國留學生不願受赤巴獨裁者的宰割，流落海外，備嘗艱辛，都有「有家歸不得」之苦，也有不少遭受如飛白兄同樣命運的。處在這種情況之下，使我回憶到幼時所讀王守仁的瘞旅文，我就以瘞旅文中的心情來悼念飛白兄，默禱他在異國異土里長眠安息！

　　　　　　　　　一九七二年二月二十四日紐約華僑報

憶盧飛白先生

鍾　玲

　　盧先生有張白裏略透青蒼的臉，在那深度近視眼鏡背後，有一雙黑亮的眼睛。他身材削弱，微微弓背。在威士康辛北國的雪花裏，常見他穿着一件又長又重的大衣踽踽獨行，有一種說不出的孤單和負荷。

　　一九六八年到六九學年，因為劉紹銘先生到香港教書，盧先生應邀到威斯康辛大學來任客座教授。他在比較文學系、東亞語文學系和英文系開了三門課：「東西方的文學關係」、「二十世紀中國文學」，和「艾略特詩學」。我選了他的「文學關係」，詩人王潤華、淡瑩夫婦則選了他的「現代中國文學」（編者按：王潤華有選「艾略特詩學」）。我一九六九年一月考碩士論文口試,他又是三位主考教授之一。

　　在「文學關係」的班上，有不少大學部主修文學的美國學生，受到威大英文系、比較文學系課堂上鼓勵辯論的影響，好作咄咄逼人的詰問，內向而不善辭令的盧先生，並不習慣這種方式。但是他授課極認真，對學生的督導也很嚴格。那門課主要研究老子道德經和李汝珍的鏡花緣以及此二書的各種英文譯本。盧先生思想的嚴密及規模，可由他頭幾堂課為「比較文學」所作的要領略窺一斑；他把比較文學的研究分

成五類，條理井然地把比較文學的範疇：

（一）研究傳統的「文體」（genres）和「形式」（forms）：
　　　例如十四行詩和「民間史詩」（folk epic）。

（二）研究某一時期內國際性的文學運動：例如十九世紀英、
　　　法、德的浪漫主義文學。

（三）研究「基型」（archetypal pattern），和普遍性的「主
　　　題」（theme），「重現主題」（motif）和人物。即
　　　由心理學、考古學和民族學的觀點，研究表現於各國
　　　文學中原始性、全球性的基本人性、欲望和視野。

（四）研究「源典」（source）、「接納」（reception）和影
　　　響：如「源典」可研究莎士比亞劇本故事的出處，「接
　　　納」可研究在臺灣所出版有關艾略特的介紹和評論，
　　　「影響」可研究西游記所采用的佛教思想。

（五）研究「文學的國際傳播」（transmission of literature）；
　　　包括研究傳播的因子，如出版業，和翻譯工作等。

　　在我的記憶中，那一年盧先生沒有開懷笑過。我想一部
分是因為師母和他兩個女兒都在美國東部，他必然感到寂
寞。有幾次他是開心的。我那年常到那兒去逗他談學問，倒
真中了他的心懷；漸漸地，他嚴肅的臉柔和起來，聲音中透
出興奮，滔滔不絕地談上一兩個小時，和課堂上的謹慎言辭
完全不同。王潤華那陣子勁很大，他知道盧先生以前寫詩，
就不斷地慫恿盧先生寫新詩，要不是王潤華，我們現在不一
定看得到盧先生的新詩作品。一九六九年夏天，王潤華、淡
瑩和我三個決定替盧先生餞行，三個人各做了幾道菜，請盧
先生到湖濱野餐。那天他神態很輕鬆，只是煙依舊抽得很兇。

　　我很少看到學者或文人像盧先生這般與世無爭，淡泊名利，尤其是在現實的美國社會。盧先生曾與我說，當初接洽請他來教書時，比較文學系主任 Nichols 先生希望能夠他將來留下，共同把系擴充。但當盧先生到威大時，Nichols 先生卻已離開了。所以他也就不參與系務，關起門來做他的學問。我的朋友林哲雄君在盧先生回東部後，曾去拜望他，希望能為他出書。盧先生一九七一年三月給我的信中說：

　　「最近翻閱舊稿，覺得那些文章還是暫不重印為是。二十年前臺灣文壇一片荒涼，我寫一些詩與散文給年輕的朋友打氣。現在呢，臺灣熱鬧得很，我無意要趕熱鬧……」

　　可見盧先生並不是個怕事逃避現實的人，他寧可「雪中送炭」，不作「錦上添花」，是個有操守、有原則的知識分子。

　　盧先生的內在世界是豐美的，不論是知性上，或感性上。但是由於他淡泊、內向的個性，他並沒有獲得許多人追求的名譽和地位，當然，我想他必然是不在乎的。在學術和寫作的圈子之中，知道他的人沒有不推崇他的學問。以前艾奧華大學有意請他去當系主任。還有，瘂弦和鄭愁予都曾千里迢迢地登門向他請益學問。我在今年二月中替他寫了則〈作家的臉〉（登於五月號的《幼獅文藝》），當時把副本給他寄去，並附信問候他的健康。我完全不知道那時他已經病得非常沈重，連信件都不大能夠閱讀了，他最後這一次病痛拖了相當久。據威大圖書館中文部主持人王先生說，他一九七一年十二月間到紐約去辦事，行旅匆忙，只抽空與盧先生打了個電話。盧先生在電話中只說了兩句話，聲音沙啞：

「你身體好嗎？」

「我又病了。」盧先生答。

「病得厲害嗎？」

「好不了了。」盧先生就把電話掛斷了。

在最後的幾個月裏，肉體上，癌症所引起的痛苦是常人所不能忍受的，而在精神上，他早已清醒地目睹死亡向他挪進的陰影。他自己單獨地面對著命運，盧先生必然是有無比的勇氣的。

編輯附記：本文行將付印，又接鍾玲來信，對文中所述，有所補充，全信如下：

昨天與圖書館中文部主持人王先生談。「憶盧飛白先生」一文中略有差錯。王先生和盧先生一九七一年十二月的電話對話應當如下：

「你身體好嗎？」王先生問。

「不好……」

「你在電話中說話費力不？」

「費力……」盧先生的聲音很微弱。王先生心中覺得不妙，又接不上口，不知從何安慰起，王先生想也許可向盧太太問幾句，就說「能否和嫂夫人說兩句話？」

那邊卻沒有回音。五秒鐘後，盧先生把電話掛了。請依上面改正。

又，王先生說了一則「盧先生趣事」，如下：

「抗戰期間年輕的盧先生在西南聯大讀書，他修了一門英文系先生的課，這位教授上課方式很特別，他選了一段英

文，由頭到尾念一遍，然後就閉上雙眼，沉醉的唸「Beautiful!
Beautiful!Beautiful!」然後再唸一段英文，再閉上雙眼……盧
先生上了一星期就再也不去上他的課了。到了學期中間，有
一次盧先生在公共汽車上碰見這教授，教授對他說：「這位
同學，你能否到班上與同學說一聲，我今天有事不去上課了」
盧先生瞪瞪他說「我也不去的。」

敬悼盧飛白先生

劉紹銘

　　昨天收到夏志清先生的信，說盧飛白先生於三月十號去世了，死於癌症。約莫半年前，我從志清先生處得知盧先生患食道癌入院治療的消息，想不到，竟沒治好。

　　我跟盧先生只見過兩次面，通過一次長途電話和一封信，所以，嚴格來講沒有什麼交情。我現在仍不知道他的年齡、籍貫，更不用說他的生平了。（從夏志清先生的來信，我才知道他是清華大學畢業後拿公費出國的，同年去的還有楊振寧和何炳棣）。可是，一個活人向一個死人致悼念之意，不在交情深淺，而是活人對死者那番敬意。而盧飛白先生的學問與人品，都值得我尊敬的。

　　第一次看到盧先生是在艾奧華城聶華苓家裏。如果記憶不錯，那該是一九六六年冬天的事。據聶華苓對我說，艾奧華大學的中文系請盧先生來演講，並有意羅致他來教中國文學。我到奧華城的那天，盧先生已演講過，正準備回紐約去。而我也只能跟盧先生在客廳聊了幾句。盧先生不善辭令，不大愛講話，因此，雖然有些談笑風生的人在五分鐘內能令你留下深刻的印象，盧先生卻不是這種人。我們慢慢的坐在客廳裏，我問他一句，他答一句至兩句。但他的態度是誠意的。

如果換了一個很看得起自己身份地位的前輩，那麼我一定會以為是敷衍我這個後生小子。但我當時沒有這種感覺。

後來盧先生沒有去艾奧華，據說他還是覺得教英國文學有意思。我聽了後，對他驟增幾分敬意。雖然我跟他在這一點的看法不同（我已多次在「海外專欄」提到這點，茲不贅），但我覺得這個人對自己的興趣，真的一點也不含糊。他明知今天以中國人的身份在美國教書，教中文無論如何比英文吃香，薪水高些，升級機會和到「有名」的學府去任職的機會大些。

但盧先生仍留在他的 C.W. Post 學院，當他的英文助理教授。這固然與個人興趣有關，但另一方面 —— 願盧先生原諒我說這句話 —— 可能是他潛意識驕傲心理的反映：你們吃古董飯，我偏不吃。這種心理我自然了解，如果我在英國文學的造詣能比得上盧先生，說不定我也會學他的樣子。

一九六八年春天，我準備回香港中文大學教書，起初只計劃在那里耽一年就回美國，因此威斯康辛的比較文學系主任 Stephen G. Nichols 先生要我找一個人來替我的課。中文系的周策縱先生提到了盧先生。那時，盧先生的博士論文：《艾略特詩律中辯證法的結構》一部分剛好由芝加哥大學出版，所以這個建議很容易獲得系方通過，乃把這消息打長途電話告訴盧先生，他也很高興的接受了。當時我私下還有一想法，以盧先生這種人才，既要教英文，也該來威斯康辛啊，不講名氣（因為盧先生這種自甘淡泊的人大概不會看重這個），但讀書環境、同事素質、研究風氣、圖書館藏書，也該比 C.W. Post 學院好。這麼想過後，乃把剛買來的盧先生的書，轉給

中文系一位很有影響力而對中國人特有好感的教授 L.S. Dembo（到過臺灣，也粗懂中文），希望他能成全我這番心意。

　　我離開陌地生（Madison）前，聽說 Dembo 和另一些教授對此書很有好評，因此盧先生來時，有機會的話會請他在英文系開一門艾略特的課。

　　一九六九年春，我決定留在香港，辭去威斯康辛的職務，而盧先生不但話不多講，信也不多寫（我回港後沒有收過他一封信）。他沒有在威斯康辛留下來，我也是間接從朋友處得知的。至於是否他不願意留下來，或是學校沒有留他，那就不得而知了。最令我遺憾的是，我至今仍不知道他有沒有在英文系開過課。

　　鍾玲的來信中，有一封提到盧先生，說他一年到頭都穿着黑西裝，常常一個人在寒風下的陌地生街頭踽踽獨行。

　　盧飛白先生十多年前在國內刊物上寫了好寫文章，在有人把盧先生的英文著作翻成中文前，我們似可把他的中文作品彙成一集子。

　　盧先生的學問我們不一定會欣賞到（太專門化了），但盧先生對學問那種執善固執的操守，足為我們這一代尚算青年的人所效法。

　　　　　　一九七二年四月十五日寄自星加坡

　　　　轉載自六十一年四月二十六日中國時報「海外專欄」

天涯哭此時

── 清明，悼詩人李經

鍾鼎文

　　一只小小的信封，一張薄薄的卡片，從美國東海岸的紐約長島市航空寄來，為我帶來了 ── 始而是一陣大大的震驚：李經死了？繼而是一份深深的哀痛：李經死了！然後是一聲長長的嘆息：李經死了⋯⋯

　　清明節的前三天，接到一封英文訃告，白色卡片上印的是「Mrs. Fei-Pai Lu and her daughters Selena and Jeanie announce with sorrow the death of Dr. Fei-Pai Lu on March 10, 1972」。次日，又接到詩人王潤華從威斯康辛州陌地生市寄來一封航空郵箋，報道此一噩耗，並建議搜集李經先生的詩文，整理出版，作為紀念。今天是清明節，我到善導寺去燒冥紙，遙祭大陸上的祖先，並「近祭」瘞在該寺裏的覃子豪（李經對覃子豪的詩極為讚賞）。歸來後，蕭蕭獨坐，倍覺寂寞；於是重讀起李經夫人寄來的訃告和王潤華先生寄來的郵箋，使我沈浸在悲傷的悼念中，默默地、深深地、久久地⋯⋯

　　詩人李經，本名盧飛白，「李經」是他的本名。在目前旅美的中國詩人中，他可能是專攻英語文學，獲得博士學位的較早的一位。他曾在美國好幾所大學文學系任教授；最後

在威斯康辛大學開的課是 T.S 艾略特研究。艾略特對現代國際詩壇具有極為廣泛而深遠的影響力，但艾略特的詩卻很難講解。詩人李經 ── 盧飛白博士，在美國大學開這門課，而且有一本研究艾略特的專書在芝加哥大學出版，的確很不簡單，很不容易。記得五十七年十一月間，我應邀去紐約市訪問美國詩會（The Poetry Society of America），事前曾致函李經先生，約他同時到達，圖一良覿。殊不知他的家住在紐約長島市，而他本人卻遠在威斯康辛州。他寄了一封回信請美國詩會留交給我，說他在威大教書，不能來。該會執行秘書瓦格納先生聽說中國人在美國大學裏教艾略特，頗為驚奇；他說一般美國教授都怕這門很吃力的課。由此可以窺見詩人李經 ── 盧飛白博士在文學上、在詩學上造詣的湛深；同時也可以中國學人若非有傑出的地方，在海外是很難站得住的。

　　我和詩人李經 ── 盧飛白博士，只是神交的筆友。雖然我們魚雁往返，已將近十年；三年前，我在美國曾和他通過好幾次長途電話，彼此都想安排一個見面的機會。但始終是緣慳一面，以迄於永別，這實在是莫大的遺憾！但我從他的詩文和他的書簡上，可以體察到他的學識、他的志趣、他的品格……構成我對他的綜合的印象：這是一位治學和做人都非常嚴謹，而內心卻充滿正直的情操的現代的「儒」。

　　一年前，我從朋友處聽到他患上食道癌的惡訊，并且聽說開了兩次刀。但我不便去信慰問，只好裝作不知道而為他慢慢地祈禱。去年夏季，我去信向他索取詩作，以便編入正中書局的六十年詩選。他久久沒有回信，我覺得不妙，便去

信給威大的王潤華先生，探詢他的情況。王先生來信告訴我，盧教授已離開威大，回到家裏養病，似乎很少有康復的希望。但不久，李經先生來信，寄來一束自選的詩作，信上還說他又開了一次刀，病況有了好轉。他雖在病中，但字跡卻寫得很工整。現在，這一束詩已成爲他的遺作，這一封信已成爲他的絕筆了。詩人瘂弦在美國時，曾和李經先生見過面，作過長談。據瘂弦告訴我，李經是浙江人，現年約在五十歲至五十五歲之間；他在國內大學便是專攻英文，所以英文的根基很好。抗戰期間，曾在滇緬邊區的遠征軍裏服務，擔任傳譯工作。後來赴美留學，專攻英語文學，在芝加哥大學獲博士學位，以後便留在美國，先後曾在芝加哥大學、紐約大學、威斯康辛大學執教。他雖然去國多年，但始終保持中國人淳樸而敦厚的氣質，始終是一位忠貞愛國的學人和詩人。我對詩人李經 —— 盧飛白博士的生平行誼，知道得不多，不能作較多的介紹。但在清明節這個追遠悼亡的節日，我情不自禁的寫這一篇拉雜的短文，藉申我對他一份「天涯哭此時」的哀悼。深盼各方人士將能搜集到李經先生的詩文，寄給「中副」，轉交本人；我很樂意響應詩人王潤華的建議，協助他將李經先生的詩文，整理出版，作爲紀念。

轉載自六十一年四月二十五日中央副刊

悼 念

美中通訊社

　　盧飛白在他的病況惡化以後，已經於西元一九七二年三月十日在紐約去世，留下了他的妻子莉底亞和他的兩個女兒：西倫娜、貞妮。盧飛白生於中國，畢業於清華大學，在美國完成了他的學業，獲得了芝加哥大學（University of Chicago）的碩士及博士學位。他在中國古典文學和英國文學領域裏，是一位才智卓越而勤奮不懈的人文學學者。當年大多數中國學生為深造而出國求學，群攻西方文明的「皮肉」—— 近代科學的物理學和社會學 —— 的時候，他卻和少數人選擇了西方文明的「靈魂」—— 人文學，並且以他的睿智和靈性，不屈不饒地尋求其精髓。他也是少數能夠鑽進在柯閏教授（Professor R.S. Crane）所領導的、芝加哥學派（Chicago School）文學評論圈內，而有所成就的少數中國智識分子之一。他的畢業論文「艾略特詩律中辯證法的結構（T.S. Eliot: Dialectical Structure of His Theory of Poetry）」曾由芝加哥大學出版社於一九六六年印行成書，該書被讚為是「第一本對艾略特的辯證方法加以廣泛探討的書，也是把辯證法當作工具 —— 自柯瑞基（Samuel Taylor Coleridge）以後，幾乎被每一個名英語文學批評家用作辯證的工具 —— 加以探討的一本

重要論著。」他曾得美國自由獎章（United States Medal of Freedom），並曾在長島大學（Long Island University）和威斯康辛大學（Wisconsin University）執教，教授文學。

一九七二年春季號　美中通訊社

In Memoriam

FEI-PAI LU died on March 10, 1972, in New York after extended illness. He is survived by his widow, Lydia, and his two daughters, Selina and Jeanie. Born in China, he graduated from Tsing Hua University and completed his studies in the United States, receiving his Master's and Doctor's degrees from the University of Chicago. He was a superb, subtle and persistent humanistic scholar both in classical Chinese and English literature. While most Chinese students who went abroad for advanced education flocked to the fields of modern sciences, physical and social, wherein the " muscle " of western civilization lies, he was one of the very few who chose the field of the humanities and unfailingly attempted to understand the" soul" of western culture in depth and with clarity and sensitivity. he was also one of the very few Chinese intellectuals who was successful in delving into the inner world of the" Chicago School " literary criticism led by late Professor R.S. Crane. His dissertation " T.S. Elliot: The Dialectical Structure of His Theory of Poetry" was published by the University of Chicago Press in 1966. The book was acclaimed as" not only the first comprehensive examination of Eliot's critical method but also an important inquiry into the dialectic method as a critical tool---a tool employed by almost all the major English critics since Samuel Taylor Coleridge." He was a holder of United States Medal of Freedom. He taught literature at Long Island University and Wisconsin University.

The Editor

美國「美中通訊」雜誌上的訃告

哀思錄

一、唁電一束

親愛的莉底亞：

聽說飛白去世了，我和內人非常震驚。好久以前，我們就聽說他病了，但是做夢也沒有想到會有這麼嚴重。

我們不知道如何來安慰你 —— 我們只能陪你傷慟。他是如此的一個好人，如此有天才 —— 是我所有的學生之中最有才華的。

請你把我們當作你的朋友，讓我們知道我們能替你做些什麼 —— 同時也請你別忘了何時到芝加哥來，要通知我們。

你忠實的艾爾德·奧爾遜　一九七二、三、二十九

（Elder Olson，芝加哥批評學派重鎮，編者按。）

發信地址：美國伊利諾州芝加哥市，黑石大街五八一九號

發信日期：一九七二年四月十六日

親愛的莉底亞：

我和露西對你和西倫娜、貞妮[1]的難以估計的損失，出於至誠的同情，僅在此把我們這一份至誠的同情寄予你，和西

---

1 露西原文名 Ruth。西倫娜原文名 Selena。貞妮原文名 Jeanie。

倫娜、貞妮。飛白是一個光華四射、才氣橫溢的學者，他的
去世令所有認識他的人黯然神傷。我們系裏把他看作是最值
得推崇的畢業生之一，我把他視作是艾略特的批評家，與羅
納爾德・柯閏、艾爾德・奧爾遜和喬治・威廉姆遜[2]並列。

　　願你和你女兒以對如此一位丈夫和父親的榮耀，來減輕
你們的悲痛。

　　你最忠誠的奎恩・柯布

　　（Gwin Kolb 芝加哥大學英文系教授，編者按。）

　　發信地址：美國亞利桑那州土孫市，亞利桑那大學文學
院東方研究所

　　發信日期：一九七二年四月十七日

　　受信地址：紐約州一一一〇一郵區，長島市第三十八號
街，四十八——五十號

親愛的盧夫人：

　　聽說盧博士去世，我非常難過。我雖沒有與盧先生深交
的榮幸，但是他卻是我最敬重的教師、學者。此外，我相信
他的同仁和學生也會像我一樣很想念他。謹向你和你的女公
子們致上我最深的同情。

　　東方語文及區域中心主任威廉・休茲（William Schultz）

二、海外人士致本刊編者（瘂弦）書摘要

盧飛白夫人傅在紹女士來信：

2　「艾略特」全名爲 Thomas Stearns Eliot，出生於一八八八年，爲
　近代英美文學界的著名詩人。羅納爾德・柯閏原文名 Ronald
　Crane。艾爾德・奧爾遜原文名 Elder Olson。喬治・威廉姆遜原
　文名 George Williamson。

謝謝你本月十日的來信與關切，你如此熱心為飛白做悼念專輯，使我們感激萬分，你所囑幾點敬答如後：

1.飛白生前小傳，夏志清先生已着手在寫。他的地址如下。（略）

請你與他聯絡。隨信附上剪報「悼盧飛白兄」一份，請留用，務必寄回，並附英文信三封，不知對專輯有無幫助。

2.「艾略特研究」一書，明日當用海郵寄奉。

3.他生前的照片，有一部份被我大女兒帶去了波士頓，這件事只得再等三星期，她放暑假回家後才得照辦。還請原諒。

飛白生前常提起你的名字，我雖然沒有機會遇見你，但由於經常聽見他盛讚你的才學並拜讀幼獅文藝，覺得此刊印刷與內容均遠勝其他刊物，因此也可以說神仰已久。

承蒙你關懷舍間生活的情形，失去了他，對我們是一個絕大的感情打擊，生活方面也難免受到影響，幸而我一直在做事，而且他的身體多病，使我在無形中訓練成熟，經濟上可以安度無憂，還請釋念。

鍾玲女士的來信亦已收到，因為我一天工作八小時，週末還得接受些零星圖案工作以貼補家用，因此各方來信堆滿案頭，不能迅速作覆，還請多多原諒。

四月廿四日

華苓先生來信：

「李經為人、做學問，我一向佩服。他去世的消息傳來，我很難受；關於追悼他的文章，以後全要寫的（還有陳世驤先生），但目前不行。我將去歐洲，這陣子將不停地東跑西

奔⋯⋯」

於梨華女士來信：

「上次我碰到華苓，她說李經是患食道癌過世的，我立即想起他不停地抽煙的樣子，在現在的中國與美國，這種 gentlemanly gentleman，我只看到一個，就是他。後來同他太太寫信，簡直不知怎麼安慰她才好。你認為我有資格寫哀悼他的文章嗎？我一共只見過他兩次，一次就是那次在紐約的旅館裏，你也在；另一次在夏志清家。我欣賞他這個人和他的學問。」

趙岡先生來信：

「盧飛白先生與我是介於師友之間，他於清華外語系當助教時，代過我們一年英文作文。我是學經濟的，不會寫文學作品，這次紀念專輯，我希望是一份篇篇文情並茂的專輯，千萬不可用我拙劣的文字破壞了它，我只能把哀悼與追念之情放在心中。」

鍾玲女士來信：

『⋯⋯我在「赤足在草地上」一書中提到盧先生：「我相信，每一個人心中都有一片翠綠的草，就像每個人都擁有他的童年一樣。有一件事使我對此信念更加堅定了。盧飛白先生是一九六八-一九六九學年由東部到威大比較文學系任課的客座教授，他是英美出名的艾略特專家，一位不折不扣的學者型先生。一張蒼白嚴肅的臉，鎮日一套黑西裝，不時一座，就扳著面孔，陷入學術思潮之中。今年六月，他要回東部去，我與寫詩的王潤華、淡瑩夫婦都是他的學生。在我們替他踐行之後，四個人走在光腳 Hippies 滿街的 State Street

上，盧先生臨別的最後幾句話竟是

「你們有沒有想過脫下鞋子來走路？」

王潤華一愣，我答說：「有，常常想，但不是在街上，怕路上有玻璃碎片。」

盧先生點頭說：「對，應當在草地上，是不是？」』

盧飛白夫人傳在紹女士提供

《幼獅文藝》資料室譯

盧飛白（李經）作品發表目錄

王潤華　編

《自由中國》（台北出版）

1.李經〈讀經與讀經的態度〉，載《自由中國》第八卷第五期（1953.2），頁 146-147。

2.李經〈文學批評中的「美」〉，載《自由中國》第八卷第六期（1953.3），頁 25-27。

3.李經〈詩與詩人〉，載《自由中國》第九卷第六期（1953.9），頁 27-28。

4.李經〈從文藝的應用性談文藝政策〉，載《自由中國》第十卷第三期（1954.2），頁 111-112。

5.李經〈我們爲什麼要大學〉，載《自由中國》第十一卷第十二期（1955.11），頁 382 與 384。

6.李經〈戴五星帽的文學批評〉，載《自由中國》第十四卷第四期（1956.9），頁 135-136。

7.李經〈詩三首〉1）半途;2）十字架;3）希望 —— 給艾略特，載《自由中國》第十六卷第一期，頁 39。

8.李經〈感性的自覺〉，載《自由中國》第十八卷第十二期（1957.6），頁 387-388 及頁 393。

9.李經〈大學英文系與英文人才〉，載《自由中國》第

十七卷第三期（1956.08.01 初版/1956.08.26 再版），頁 80。

10.李經〈聯合國〉（新詩），載《自由中國》第十九卷第十期（1958.11），頁 322。

11.李經〈詩二首〉1）美國行；2）自由島上望紐約市），載《自由中國》第二十卷第一期（1959.1），頁 32。

12.李經〈哀思錄引〉（新詩），載《自由中國》第二十二卷第六期（1960.3），頁 198。

13.李經〈歐遊雜誌二首〉（新詩），載《自由中國》第十八卷第一期（1958.1），頁 36。

14.李經〈文藝政策的兩重涵義〉，載《自由中國》第二十卷第十期（1958.5），頁 316-317。

15.李經譯〈悲劇與英雄〉，載《自由中國》第二十一卷第三期（1959.8），頁 90。

《文學雜誌》（台北出版）

1.李經〈翡翠貓的世界〉，載《文學雜誌》第八卷第四期（1960.6），頁 65-67。

2.李經〈倫敦市上訪艾略特〉（新詩），載《文學雜誌》第四卷第六期（1958.8），頁 15-16。

3.李經〈午後的訪客〉（新詩），載《文學雜誌》第四卷第三期（1958.5），頁 34-35。

《海外論壇》（紐約出版）

1.李經〈哀思錄〉（詩六首），載《海外論壇》第二卷第七、八期（1961.8），頁 10-11。

2.李經〈介紹埋沙集〉，載《海外論壇》第二卷第十二期（1961.12），頁 11。

3．李經〈讀者投書〉（論胡適之），載《海外論壇》第二卷第三期，（1961.2），頁 15。

《幼獅文藝》（台北出版）

1．李經〈葉荻柏斯的山道〉，載《幼獅文藝》第一九四期（1970.2），頁 99-107。

2．李經紀念特輯，載《幼獅文藝》第二二三期（1972.7），頁 82-158。

《星座詩刊》

盧飛白〈艾略特詩論中辯證法的結構〉，《星座詩刊》第 13 期（1969.6），頁 30-33。

《匯流》（美國紐約出版）

李經〈鐘與寺〉（三首），載《匯流》第三期（1968）。

《噴泉》詩刊（台北出版）

李經〈足跡〉，載《噴泉》第八期（1971.5）。

《英文著作》

Lu Fei-Pai, T.S. Eliot: the Dialectical Sgtructure of His Theory of Poety(Chicago: University of Chicago Press, 1966).

《其他》

周策縱〈盧飛白詩文集代序〉，載《傳記文學》第二十二卷第四期（1973 年四月），頁 21-28。

盧飛白教授紀念輯（瘂弦編輯）《幼獅文藝》，第 223 期（1972 年 7 月），頁 80-158。

編後記

王潤華

　　盧飛白教授（1920-1972）是一位著名的艾略特（T.S. Eliot, 1888-1965）學者，一九六六年出版專書《艾略特詩論中的辯證結構》（*T.S. Eliot：The Dialectical Structure of His Theory of Poetry,* 1966），一舉成名，受到美國文學批評界的重視，被承認爲美國芝加哥學派批評家（Chicago critics）的成員。他逝世後，芝加哥批評學派的老大之一 Elder Olson 居然說他是「我所有的學生之中最有才華的。」其實作爲批評家兼詩人，我發現 Elder Olson 大而深的影響了盧飛白的批評思考與現代詩風。芝加哥大學英文系教授 Gwin Kolb 也說：「我們系裏把他看作是最值得推崇的畢業生之一，我把他視作是艾略特的批評家，與羅納爾德・柯閏（Ronald Crane）、艾爾德・奧爾遜（Elder Olson）和喬治・威廉姆遜（George Williamson）並列。」他在文學批評上的卓越的表現，受到美國批評界的肯定與重視。

　　盧飛白教授在一九六〇年前後，以李經爲筆名，在海外如美國的《海外論壇》與臺灣的《自由中國》、《文學雜誌》等刊物發表很有份量的文學批評與現代詩，但數目不多。一九七二年因癌症逝世後，才開始引起臺灣少數學者注意，但至今對其成就仍然認識不多，在中國大陸、港澳、及其他地

區就更陌生。瘂弦以「震驚」來形容他的現代詩在臺灣的出現：「當盧飛白先生以李經的名字的出現時，他詩人的秉賦與特質，全然的突出而形象化了。在當年的《文學雜誌》或其他刊物上，詩人李經一首首卓而不群的詩章，投給國內詩壇的一份相當的震驚。」

我在一九六八年秋季因爲追隨周策縱教授而到陌地生的威斯康辛大學讀研究所，才認識盧飛白教授，而且有幸成爲他的學生。當時剛好盧飛白教授也在秋天抵達威大擔任客座教授，我選修他在一九六八年下半年教的「二十世紀中國文學」（Readings in Twentieth Century Chinese Literature，東亞語文系課），一九六九年春天，又選讀了他在在比較文學系與英文系教授的「二十世紀艾略特的詩學研討」（Seminar in Twentieth Century Poetics of T.S. Eliot），這些都是研究所的課，學生人數不多，所以有機會跟老師親近的交流，後來成爲朋友，當我們知道他是卓越的現代詩人，請他爲臺灣的刊物寫詩。我老師周策縱教授曾這樣回憶：

> 飛白在威大時詩性很好，一方面由於我們的學生中間有好幾個優秀的新詩人，王潤華、淡瑩（劉寶珍）夫婦早已分別出版過好幾冊清新而深美的詩集，鍾玲的中英文詩都寫得好，也能作舊體詩詞。潤華常請飛白寫新詩。有一次，我和他在教職員俱樂部同吃午飯，談到二十年來我想着要寫一篇新創體裁的中國史詩的計劃，主題是中國人在文化上的成就和歷史上的危機，但並非從頭說起，而是以近百年來的大變局大危機做桴軸，再把幾千年的歷史重點交織進去。適當運用神話、史

實、和民間傳說，體裁是要求異樣的統一。飛白很有
同感……我就鼓勵他用更凝縮的現代體來寫一首看
看。過了不久，他就寫了一首〈葉狄柏斯的山道〉。
我認為這是近代中國新詩中非常重要的一首詩。

　　威大客座一年後，盧飛白老師就在一九六九年夏天回返
長島大學。不久後他得了癌症，一九七二年三月逝世。我收
到盧飛白老師去世的靈耗後，淡瑩與我在周策縱老師的指導
下，馬上利用威大及美國其它圖書館搜尋與複印他的學術、
批評與詩歌，為他編輯出版《盧飛白詩文集》期間，我編寫
了〈盧飛白（李經）作品發表目錄〉，同時撰寫了〈盧飛白
（李經）先生的文學觀及批評理論〉與〈美國學術界對盧飛
白的艾略特詩論之評價〉（後者淡瑩與王潤華合著），發表
在瘂弦編輯的〈盧飛白教授紀念輯〉《幼獅文藝》第 223 期
（1972 年 7 月，頁 80-158。）。 得到白先勇的推薦，我把
編好的《盧飛白詩文集》寄給臺北的晨鐘出版社出版，耽擱
了一年多，沒見出版，在我追問之下，根據出版社的說法，
在一次臺北大水災中，書稿弄不見了，而我也沒有多存一份
書稿，要再收集，非常不易，因此只好放棄出版計劃，雖然
周老師的序文〈盧飛白詩文集代序〉，早在《傳記文學》第
二十二卷第四期（1973 年 4 月，頁 21-28）已發表。

　　我去年決定以〈盧飛白：芝加哥批評、詩人批評家的典
範及其辯證、離散的現代詩學〉為研究課題，作為申請 2009
年的國科會的研究計劃。因此馬上又從零開始，四處搜尋與
複印盧飛白老師的著作，非常感謝黃文倩、顏健富、張瑞欣
等年輕學者的協助搜集資料，終于又編輯整理出這本《盧飛

白詩文集》，相信很多學者都在等着閱讀這些論文與詩歌。

　　《盧飛白詩文集》中的作品數目不多，經過細心分析，可以挖掘出很多至仍然被忽略的重要的現代文學課題。雖然盧飛白還未完成他的文學願景與視野，作爲一位詩人批評家（poet-critic），他企圖建立艾略特所重視的爲創作而批評，爲批評而創作的批評的傳統。出身芝加哥批評家（Chicago Critics），他以「新亞里斯多德」的批評詩學與辯證法的結構進行建立一種多元的文學批評理論與批評方法。他的現代主義詩歌，走向智性化、跨國族文化、古典主義的高複雜性的詩學典範，所以他的現代主義屬於超高現代主義（high modernism），與大陸三、四十年代現代主義與臺灣五、六十年代的現代主義又有所不同。通過盧飛白的詩學與詩歌，將能更了解一群在一九五〇年之前離開中國大陸，然後在海外創作的作家群如紐約白馬社的作家群，同時也了解中國文學的現代主義在海外的另類發展意義，華人離散作家與文學的形成。

　　盧飛白逝世於一九七二，轉眼間至今已三十七年，但是我們不但沒有忘記他，反而愈來愈想念他，在全球化沒有國界的今天，學術界與文壇，對他的批評理論與現代主義詩歌的重要性，更加肯定，如新世紀以來出版的《紐約客：白馬社新詩選》（臺北：漢藝，2004）與《海外新詩鈔》（臺北：文史哲，2009），臺灣國科會的研究計劃〈盧飛白：芝加哥批評、詩人批評家的典範及其辯證、離散的現代詩學〉都給于一個非常重要的文學史位置，我希望這本詩文集，能啓動對盧飛白的文學理論批評與詩歌更完整深入的研究。

2009 年 9 月 11 日元智大學

潤華兄：

最近讀了當年在幼獅子氣了b故友盧飛白先生的紀念
專輯，各種往事又浮上心頭。那個專輯是台灣報刊歷來對
余逝世作家、學者最完整的設計，這都要歸功於劉紹銘，
我兄及諸芸弟妹的大力幫助，沒有你們三位的幸興，編不出
那樣好章重的專輯來。專輯上的編者按語也寫得不差，我不
記得了，當時那b怕也經過別人加工的吧？沒有加工，我寫不出來。

不過那b飛白先生b故中國文人風采和樸素的行經，說他旅美
幾十年了，看起來好像昨天才從杭州鄉下來到紐約的人，這
句話，是我當對冊友們說的。

夏志清先生的悼詩友盧飛白〉、劉紹銘的〈敬悼盧飛白先
生〉、你的〈李子經先生的人生與b典及批評理論〉、諸芸的人美國
學界好友盧飛白博士論文略著作之評價〉都是好文章。
特別是你的一篇，更真具學術仍量。真的，那是一次完美的合作。

報紙副刊，再怎麼說都是個江湖買賣，難免隨著社會風潮
象打扪扙伕。如果我不斷開幼獅之類又這個陣地，繼續操作主編，
維持紀念盧飛白集的水準，那我在編輯事業的成績單，
當更充實耀。當主編能留到刊二十一年，在運動的責意上影響難
大，但談到純粹的學術成績，就不及幼獅了。

瘂弦上
2009.9.28.